英语实践实训教学设计

老 青 著

世界知识出版社

序

在大力发展职业教育、积极推进职业教育人才培养模式转型改革的趋势下，老青总结自己多年的实践与经验，将这本关于英语实践实训教学设计的优秀著作出版，堪称职业教育英语课程体系建设创新与实践的典范。本书重点围绕职业教育实训体系建设及设计开发、实践实训教学条件改善、专业师资队伍建设等方面的重点难点问题展开探究，是职业英语教育教学领域具体践行《国务院关于大力发展职业教育的决定》和《教育部等部门关于进一步加强高校实践育人工作的若干意见》的显著示范。

要想让学生在真实工作情景中对技术或服务工作的任务、过程和环境进行整体化感悟和反思，从而实现知识与技能、过程与方法、情感态度与价值观学习的统一，就必须改变实践实训设计理念和建构模式。在实践实训环节，学生通过理实一体化的学习内容载体，从工作的整体性出发，把握知识与工作的联系，从而获得对综合职业能力形成过程极为重要的工作过程性知识和职场意识，实现学习的可迁移性。

本书涉猎的英语实践实训教学设计符合人才培养中要体现知识、能力和素质协调发展的原则，尤其是在创新思维、创新方法和创新能力培养等方面有所突破。这种以英语训练为主线、以素质教育为龙头，以能力培养为核心的“三位一体”式实践实训实习体系的重构，是新形势下职业院校英语实践实训教学改革的创新性尝试，值得借鉴和推广。

本书大胆列举的原汁原味的可视化的学生成果丰富可喜。职业院校学生通过应用英语知识和技巧完成真实的工作任务或实训项目，其专业能力有明显的提升，工作态度、工作能力都有很大的进步。学生的一些作品作为开展英语实践实训教学语料案例，内容充实、立体完整。自创的实践实训体系和配套资源（教材、软件、网络、实操方法、考试方法、学研方法、赛训方法等）引起了国内包括高职高专英语教育教学之外的同仁们的广泛关注，其代表性实践项目（如服务基层、服务北京市民的各类志愿公益活动）和实训课程英语速记中的笔记技巧模块已成为一些政府企事业单位在岗人员国际化人才各类英语培训的优质品牌实践教学项目和特色核心技能之一。

老青思维敏锐、勇于探索、敢于创新，把自己辛勤研究成果无私地奉献给读者。感谢老青潜心探究实践成果并总结归纳这些年来在英语教育教学与管理方面的经验，为读者尤其是英语教师和英语学习者提供了理论与实践相结合，示范性极强的英语实践实训指南。

中国社会科学院研究生院国际文化
教育中心主任，英语教授
王晓明
2012 年 6 月

前 言

前些年,笔者组织学生参加“北京地区公示语标示识错志愿者活动”,期间不少学生兴致勃勃地向老师汇报:“我们没有发现任何一处的公示语有问题。”而事实上,在他们常去的银行和超市里就存在着最基本的英文拼写错误。

近些年,笔者组织学生参加“北京地区地铁公交英语报站听力实践活动”,期间学生常常理直气壮地抱怨说:“我们习惯坐在语音室带着耳机练听力,这样的英语报站我们不适应,没有耳机将来怎么考听力呀?”

前不久,笔者组织学生在某出入境旅游公司开展“呼叫中心外包英语客服实践活动”,期间一些学生愤愤不平地责怪道:“在这里,我们经常能听到各种烂英语,这些客户怎么学的英语！赶快挂断电话！我们只能听懂和记录纯正的英语!”

也是在不久前,笔者组织学生在某旅游景区开展“跨文化交流体验实践活动”,期间部分学生困惑不解地问道:“为什么有些外国人对我们的文化一点儿都不感兴趣呢？不应该呀!”

某日,正在实习的学生急匆匆打电话给笔者:“老师,快告诉我,‘鱼香肉丝’怎么翻译啊？还有‘北京炸酱面’？在学校老师可没教过。”

……

实际上,许多英语教师一定也会遇到各种各样的学生和各种各样的提问。每每遇到诸如此类的情况,教师们也会像笔者一样反思:该如何有效培养学生的英语学习能力、实践能力、就业能力以及可持续发展能力？该怎样使英语实践实训教学更好地适应经济、行业和社会发展的需要，真正以英语为主线融“教、学、做”为一体？该如何更新教学观念，深化英语实践实训内涵？该如何构建英语实践实训设计体系？该如何合理定位团队的“双师结构”和有效促进英语教师的成长发展？多年思考之后，笔者萌生了动笔的念头。

本书试图用简单平易的语言，介绍英语实践实训教学的相关理念，提供一些英语实践实训设计的方法与模式，总结英语实践实训教学的实践经验，利用实际案例展示各类英语实践实训教学的成效，以期为英语实践实训教学搭建上乘的服务与交流平台。希望这些不算深奥的内容多多少少对从事英语教学的教师，尤其是对工作在职业院校（包括继续教育学院）的英语教师，有启发和帮助。

本书系北京市属高等学校“人才强教深化计划”创新人才建设计划项目（高职文科院校工学结合环境下英语实训环节探究与建设，项目代码 PXM2011_014208_000012）和教育部高等学校高职高专英语类专业教学指导委员会立项课题（文科高职院校公共英语实训模式研究，英教指委[2011]22 号）的成果之一。

全书共分五章。第一章总体介绍英语实践实训教学的相关思考，主要包括英语实践实训教学设计理念与思路、英语实践实训的软硬件环境建设。第二章分类介绍英语视听说环境下的六种实践实训设计，包括基于听力的模仿实践实训、速录实践实训和速记实践实训，基于视听环境下的写作实践实训、口语实践实训和编译实践实训，同时穿插英语游戏或竞赛 PK 设计。第三章重点探讨职业院校英语教师的双师路径、成长与发展。第四章为英语实践实训教学总结。第五章列举了学生实践实训成果。附赠的光盘中有部分可视化英语实践实训教学成果，即学生实践实训作品的视频文本，希望与读者分享原汁原味的学生成果，共同见证以职业院校为主的英语师生的 LEGO 式发展。

本书中列举的诸多实践实训设计成果源于与政府、行业、企业和校外实践实训基地共赢的各类项目。在此，感谢中国社会科学院研究生院国际文化教育中心、外语教学研究与发展中心、北京市教育委员会、北京市民讲外语活动组委会、北京市公园管理中心、北京人民广播电台（外语台、交通台）、北京市教育考试院、北京双雄对外服务公司、北京音像公司、北京山水堂文化发展中心等单位。感谢伴笔者成长和发展的北京青年政治学院。

因水平有限，书中难免留有纰漏，敬请外语届专家、同人和读者批评指正！

老　青

2012 年 5 月 31 日于北京

目 录

第一章 英语实践实训教学的相关思考 …………………… (1)
第一节 设计理念与思路 …………………… (3)
第二节 软件环境和硬件环境的建设 …………………… (21)

第二章 英语实践实训教学设计 …………………… (43)
第一节 英语听力模仿实践实训设计 …………………… (45)
第二节 英语听力速录实践实训设计 …………………… (62)
第三节 英语听力速记实践实训设计 …………………… (79)
第四节 英语视听写作实践实训设计 …………………… (97)
第五节 英语视听讲解实践实训设计 …………………… (122)
第六节 英语视听编译实践实训设计 …………………… (136)

第三章 英语实践实训教学师资队伍建设 …………………… (157)
第一节 职业院校英语教师的“双师”路径 …………………… (159)
第二节 职业院校英语教师的成长发展 …………………… (162)

第四章 英语实践实训课程教学总结 …………………… (169)

第一节 公共英语实训平台内涵构建的思考 …………………… (171)
第二节 英语演讲课程实训环节设计 …………………… (176)
第三节 精品课程英语速记课程建设报告 …………………… (180)

第五章　英语实践实训活动项目及学生成果列举 ……………… (191)
第一节　各类项目列表及说明 ………………………………… (193)
第二节　学生成果选编 ………………………………………… (211)

附录(光盘):英语实践实训活动项目音视频成果选录 ……… (265)
一、北京青年政治学院英语教学成果缩影(2009) ……… (267)
二、"英语速记"说课(学生版,2010) ……………………… (267)
三、学生实践实训成果 ……………………………………… (267)

参考文献 ……………………………………………………… (269)

后　记 ………………………………………………………… (271)

第一章
英语实践实训教学的相关思考

第一节　设计理念与思路

在大力发展职业教育、积极推进职业教育人才培养模式转型的改革中，职业教育课程体系建设及课程开发、实践教学条件改善、专业师资队伍建设等成为我们关注的重点和难点。

要想让学生在真实工作情景中对技术或服务工作的任务、过程和环境进行整体化感悟和反思，从而实现知识与技能、过程与方法、情感态度与价值观学习的统一，就必须改变课程设计理念和建构模式。在实践实训环节，学生通过理论与实践一体化的学习内容载体，从工作的整体性出发，建立知识与工作的联系，从而获得对综合职业能力形成过程极为重要的工作过程性知识和职场意识，实现学习的可迁移性。

英语实践实训教学的设计，必须以英语实践实训教学为中心，以经典的和先进的理论为指导，更新教学理念，转变教学观念，同时，了解目前职业教育中常见的教学模式的内涵，尤其是实践教学能力和专业技能实训教学环节设计，以提高职业教育教学的能力。只有这样，才能将《国务院关于大力发展职业教育的决定》和《教育部等部门关于进一步加强高校实践育人工作的若干意见》等文件精神，内化于心、外践于行。

一、学习解读相关研究理论

（一）元认知策略(meta-cognitive strategy)

元认知的概念源于美国儿童心理学家弗拉维尔(J. H. Flavell)。

1976年他在《认知发展》一书中提出："元认知是关于个人认知过程的知识和调节这些过程的能力，对思维和学习活动的知识的控制。"换句话说，对认知的认知，包括三个要素，即元认知知识（认知主体关于自己和他人作为认知加工者的所有知识）、元认知监控（认知主体在认知过程中对自己的认知活动积极进行监控并进行相应调节以达到预定的目标）和元认知体验（与当前正在进行的认知活动相关的种种体验）。

英语实践实训设计基于元认知策略，是指英语学习者在英语学习过程中对英语学习过程的思考、对英语学习的规划、对理解过程的监控以及对完成英语学习任务的自我评估。

（二）多模态话语（multimodal discourse）

多模态话语最早是功能语言学研究的范畴。随着信息通讯技术与网络的迅速发展，与多媒体有密切关系的多模态话语和多模态学习越来越受到外语工作者的关注。这里定义的模态即"模式（mode）＋媒体（medium）"。模式具体指人的感知模式，如视觉、听觉、触觉、味觉、嗅觉。媒体指人的器官，如眼、耳、手、舌、鼻等。正常人之间的感官互动不只是单模态或双模态的，而常常是多模态的。而且，模态不是静止的，不同模态是可以相互转换的，如英语阅读后再用英语讲述给他人听，即从输入的视觉模态转变到发音器官运动模态再到输入的听力模态。恰当的模态转换可以增强英语学习者对所学内容的内化程度，提高内容记忆的持久性。

（三）自主学习模式（autonomous learning）

自主学习理论源自爱德华·德西（Edward L. Deci）和理查德·瑞安（Richard M. Ryan）关于自我决定（self-determination）的心理学论述。自主学习是一种独立的、个人的学习形式。学习者具有一定的学习责任心、明确的学习目的，能自拟学习计划、自我评估和自我调整学习策略。但自主学习模式绝不是封闭的、与外界隔绝的学习模式。随着“泛在学习”(ubiquitous learning,即无缝学习,指任何人可以在任何地方、任何时候获取所需要的任何信息的一种学习方式)、“泛在计算机”(ubiquitous computing,即普适技术)等概念的提出,自主学习模式下的英语实训活动更具有多样性和实效性。

(四)合作学习模式(cooperative learning)与协作学习模式(collaborative learning)

合作学习和协作学习理论的发展始于19世纪末。前者侧重于同质性互助(相同领域、相同水平等)、任务分割、个体性评价;后者侧重于异质性互助(不同领域、不同水平等)、任务整合、集体性评价。校内外结合的合作学习模式与协作学习模式更有利于英语人才综合能力尤其是职业能力的交互培养。

二、内化理解相关教学理念

(一)基于“工学结合”的实践实训设计理念

自20世纪中期以来,国内高职高专外语教育的理念不断更新:以学科为龙头转为以就业为导向,以理论教学为主体转为以实践教学为核心,以教师为主角转为以学生为核心,由被动学习模式转为主动学习模式,由单一评价转为多元评价……这些理念的转变逐渐走向成熟,并在高职高专外语教学模式的改革和教学效果的提升等方面发挥着积极的推动作用。多媒体、模拟情景、自主学习、任务驱动型、实景式、订单式培养、项目导向、工学结合等教学模式,陆续成为高职高专外语教改的主要内容。

中国政府对工学结合人才培养模式予以了高度的重视。2005年10月出台的《国务院关于大力发展职业教育的决定》中指出:“大力推行工学结合、校企合作的培养模式,与企业紧密联系,加强学生的生产实习和社会实践，改革以学校和课堂为中心的传统人才培养模式。”这一决定要求教师更加注重培养学生的实践能力、就业能力和可持续发展能力，融“教、学、做”为一体。为此，教师应在正确分析和描述企业典型工作任务的基础上，研发并创建真实企业实践环境的课程体系，达到培养学生综合职业能力的核心目标。换句话说，教师应想方设法使学生的学习贯穿于整个职业岗位的工作过程，有效帮助学生掌握各种工作过程知识和岗位技能，以适应不同工作单位实际岗位的需求。

工学结合一体化英语实践实训教学设计，要求教师首先厘清工作过程和工作过程知识这两个大概念。

工作过程指从事具体工作的人员在其工作场所利用各类工作资源完成一项工作任务并获得相关工作成果的一系列活动。工作过程一般包括六个阶段：(1)明确任务：即明白无误地确定工作任务和目标，获取与完成任务有直接联系的信息，包括工作目标、客观存在的困难以及为达到目标需要完成的准备、需要创造的条件和需要满足的要求；(2)拟定计划：即根据已明确的工作任务设计出工作行动的内容、程序、阶段划分和所需条件；(3)做出决策：即从计划阶段列出的多种可行性中确定最佳解决途径，涉及决策能力和决策技术，一般通过小组形式集体完成；(4)组织实施：即按照确定的最佳解决途径开展工作，在实践中这一阶段与上一阶段的决策结果可能出现或多或少、或大或小的偏差，这就需要及时观察记录偏差并在评价阶段分析产生偏差的原因，以便在实施过程中做出合理调整；(5)控制质量：即在实施过程中采用适当的方式对工作过程进行控制，以保证得出与目标一致的结果；(6)评价结果：即从社会经济、能力水平、素质发展等方面对工作过程和工作成果进行全面评价，尤其是发现缺陷和确定产生缺陷的原因以便及时修正。这里的工作过程指的是个人的具体活动过程，而不是企业的生产流程或产品的工艺流程。

工作过程知识一般指有丰富经验的技术人员或管理人员在长期

的生产过程或管理过程中发现、积累和总结的相关知识。学科专业系统化知识一般是作为结论或者成果直接教授给学生，而工作过程知识是在工作过程中逐步积累获得的。理论知识需要与经验性认知与实践学习相结合，经过工作经验与理论反思之间的多次磨合、在特定的转化关系中才能产生工作过程知识。工作过程知识多数是隐性的默会知识，是综合性的。[①] 掌握学科专业系统化知识并不意味着掌握工作过程知识。

图 1.1　AURALOG 公司校园大使活动实践

图 1.2　国际酒店餐饮服务专业顶岗实训

实践实训教学的核心目标是培养学生综合职业能力，这种能力是通过学生自身对专业知识和岗位技能的实际运用、迁移、类化，并与相关的一般能力相互整合而形成的。综合职业能力包括专业能

---

① 赵志群,《职业教育工学结合一体化课程开发指南》,清华大学出版社,2009 年。

力、发展能力和社会能力。专业能力是学生运用所学专业知识和专业技能解决实际问题、完成职业工作任务的能力，这是学生就业的根本。发展能力指学生具有不断获取新信息、跟随科技发展不断学习、更新知识和技术的能力，这可成为学生择业的潜力。社会能力包括学生在工作、学习和社会生活中应具有的交往、协调、竞争、挑战、团队、合作、责任等多种能力，这是学生创业的基础。总之，工作过程及工作过程知识应始终渗透在英语实践实训教学设计各个环节的考量之中，满足培养对象由学校人到企业人、社会人转变的需要。

（二）基于行动导向的实践实训设计理念

基于行动导向的学习强调以人为本，认为人是主动的、不断优化的和自我负责的，能在实现既定目标过程中进行批判性的自我反馈，学习不再是一个外部控制、而是自我控制的过程。这个过程的主要特点是：(1)教学内容与职业实践或日常生活有关，教学主题往往就是在工作过程中经常遇到的问题，甚至是实际的任务委托；(2)关注学习者的兴趣和经验，强调合作和交流；(3)学习者自行组织学习过程，多以小组形式进行，充分发挥学习者的创造性思维空间和实践空间；(4)交替使用多种教学方法，最常用的有任务教学法、项目教学法、基于项目的引导文教学法、案例教学法、角色扮演法、情境教学法等；(5)教师的角色从知识传授者转为学习过程的组织者、咨询者和指导者。① 在这样的英语实践实训教学设计中，行动导向更加强调外践于行、内化于心，在行动中渗透素质教育内涵。

---

① http://www.czvtc.cn/jigou/jiao_xue/uploadfile/201141916745463.doc/.

图 1.3　让座日公交站点志愿服务实践

图 1.4　中、英、韩版公交指南志愿服务实践①

(三)基于任务驱动的实践实训设计理念

任务驱动的教学思想不是最近才有，两千年前中国大教育家孔子就提倡“学以致用”。从学习者的角度说，任务驱动是一种学习方法，它适用于学习各类实践性和操作性较强的知识和技能，它使学习目标十分明确，适合学生特点，使教与学生动有趣、易于接受。在任务驱动实训中有一些公认的特点：(1)关注任务的意义胜于关注任务的形式；(2)关注任务完成的情况；(3)关注任务完成后产生的结果；(4)关注任务模拟的真实场景。在英语实践实训教学设计中，我们的任务驱动项目更具有职场化和国际化的特点。

① 《北京日报》2011 年 6 月 22 日。

图 1.5　北京人民广播电台 Radio 774 外语广播节目在线交流实践

图 1.6　中、美、俄青年语言与文化交流实践

(四)基于项目管理的实践实训设计理念

项目管理(project managment,PM)指项目管理者在有限的资源约束下,运用系统的观点、方法和理论,对项目涉及的全部工作进行有效地管理。即从项目的投资决策开始到项目结束的全过程进行计划、组织、指挥、协调、控制和评价,以实现项目的目标。项目是指一系列独特的、复杂的并相互关联的活动,这些活动有着明确的目标或目的,必须在特定的时间、预算、资源等限定内依据规范完成。项目参数包括范围、质量、成本、时间、资源等。在项目管理方法论上主要有阶段化管理、量化管理和优化管理三个方面。在英语实践实训教学设计中,我们的项目管理核心主要体现在时间成本管理、规范优化管理、质量评价管理和组织协调管理等方面,同时搭建广泛的学生自主开展项目管理的平台。

图 1.7　北京双雄对外服务公司专业实训

图 1.8　北京市大学生科研及创业项目展示交流

(五)基于乐高(LEGO)的实践实训设计理念

乐高教育根据儿童获取知识的过程和学习效果而设计的,以儿童心理学家皮亚杰(Jean Piaget)的建构论为基础。皮亚杰认为儿童认知发展是通过认知结构的不断建构和转化而实现的,即儿童在主动探索外部世界的过程中,通过同化功能将探索到的新知识融入原有的认知结构;通过顺化功能不断改变原有的认知结构并形成新的认知结构。乐高教育反对传统的单向灌输,反对把语言文字作为获取知识的捷径,认为教育就是要为儿童创造更多的可能性去创造和发现,教育在于为儿童创设学习的情境,帮助儿童在与情境中的人、事、物相互作用的过程中主动建构知识。

在英语实训教学设计中，我们赋予了 LEGO 新的拓展性内涵：一方面，我们关注学生兴趣与兴趣发展这两个方面，即学生感兴趣去做的和能让学生在做的过程中感兴趣的(Not only let them do what they are interested, but also let them be interested in what they do)。每一个实训模块就像 LEGO 积木中的每一组构件，根据个人已有兴趣及兴趣的发展，学生选取不同的组装模式和方法，产生不同的组装效果或制作产品，体验英语、体验快乐(见视频案例:《美国备忘录》中英文讲解视频制作成果)；另一方面，LEGO 积木的组装过程是师生一起成长和发展的过程，其效果或产品是师生共赢共享的产物。

图 1.9　英语导游相关知识问答电子图书

图 1.10　关于英语速记课程的学生论文

三、转变更新相关教学观念

职业教育培养的是满足市场需求的职业人，教师的职业教学观念直接影响其角色定位和选择的教学模式，进而决定其所开展实践实训设计的拓展创新与实施方法、实践实训效率和实践实训质量。

(一)由学校人到企业人、社会人的角色转变

教师有责任帮助学生在校期间认识和实现人生角色的转变。一方面，拓展英语实践实训教学的领域，走出校园，跨入行业、企业和社会；另一方面，深化英语实践实训教学的内涵，步入企业人、企业管理者职业群体。在英语实践实训教学设计中，既侧重职业活动，包括职业岗位职责范围内的一切工作行为，它和特定的职业岗位、职责、工艺联系在一起，是工作时间内的劳动活动，也兼顾职业生活，即与职业岗位、职责、工艺虽有联系，但不在工作实践范围内实施的一切活动。①

(二)由"教学"到"学教"的模式转变

教学是包括教与学的双向互动过程，相辅相成。传统教学方法侧重探究教师的教授过程与方法分析，而忽视了学生的学习过程与方法研究。教学中的主体是教师，教师犹如戏里的主角，教师选取和使用教材、把教材内容传输给学生；学生犹如戏外的观众，充当教师的跟随者，被动吸纳教材的内容。"学教"并不是简单地调换字词，而是要经历一个教学观内化于心的转变过程。笔者在与澳大利亚籍外教交流职教理念时曾惊讶于其关于教师定位的描述："Teacher is a tool for students."虽然并不完全科学，但有一定的道理。从某种意

① 中国就业培训技术指导中心：《职业概论》，中国劳动社会保障出版社，2009年，第47页，第二章第二节。

义上来说,教师应该向导师转变,先生应该向师傅转变。“学教”其实就是变学生为主体,把学生从“要我学”引导到“我要学”的方向。

(三)由单模态到多模态的移动学习式转变

随着计算机应用技术、无线电通信技术、互联网技术和现代教育的迅速发展以及3G时代的到来,具有高效性、广泛性和个性化特征的、继远程学习和电子学习之后的移动学习模式已经起步。教师和学生可以在移动中完成教与学的各项任务。积极拓展学习空间和学习工具的认知领域,如博客(blog = web + log)、脸谱(Facebook)、播客(podcasting = iPod + broadcast)、iTunes和YouTube等。博客是一种由个人管理、不定期张贴新的文章、图像或视频的网页,是互动性极强的知识管理平台和形成性评价的有效工具。脸谱是供信息生产、积累、共享和传播的社交网,是聚合功能极强的交流平台,具有传播范围广、内容深入、方式活泼、效率高等特点。播客是一种在互联网上发布文件并允许用户订阅“feed”以自动接收新文件的方法,也指用此方法制作出来的电台节目。这一方法使互动学习、移动学习成为可能。iTunes是一款苹果电脑公司研发的免费数码媒体播放器应用程序,主要用于播放和管理数码音乐、视频文本,可以作为巨大的、取之不尽的英语实训教学资源库。YouTube是一个供用户上传、观看及分享视频片段的共享网站,已发展成网民回忆储存库和发布作品的场所,也是英语实训教学的丰富视频资源库。这些新事物都可以丰富移动学习交互式英语实践实训教学资源库。

四、整合重构相关教学设计

(一)基于“三实”原则的设计思路

我们将实践实训的“实”拆解为三个层面——真实、实际、实用。

英语实践实训教学的设计落在真实的工作任务、饱满适度的工作量、符合学生实际水平的工作任务目标、实用性强的可视化工作任务成果。

真实的工作任务与学生就业的岗位群对接，并且有序地细化展开，力争做到内容真实、方法真实、环境真实。设定工作任务的饱满度应考量任务的难度和可操作性，以能让学生切身体会到其实际工作效率、有利于其养成良好的工作习惯为出发点，而不是越多越好。根据学生的实际水平设置工作任务目标的区间度和灵活度，平衡考量基础性目标（如规范性目标要求，包括时限等）和多样性目标（如创新性目标要求，包括新技术应用等）。工作任务成果为可视化（物化）产品（作品），与教学资源优化组合，拓展其实用价值的体现，让它不仅仅总是存放在成果堆里“睡觉”，只有领导和专家检查时“唤醒”，而是能继续适用于校内实训教学，能够服务政府、服务企业、服务社会、服务基层、服务市民。

Qianmen Street—Introduction

Famous since circa 1550 for being the very route of Emperor Ming Jiajing to and from The Temple of Heaven and Mountains, Qianmen Street later became old Beijing's main thoroughfare. From "Qian Men Yue Liang Wan"—"Qianmen Moon Bay"—its North end at the juncture point of east-to-west Qianmen East and Qianmen West Streets, Qianmen Street is superimposed on Beijing City's central north-south axis as far as Tianqiao Crossing (Tianqiao Bridge), where it changes its name to Tianqiao South Street. Completely and tastefully renovated for pedestrians—only to Zhushikou Street, it is the main tourism focus of surrounding heritage siheyuan (traditional walled courtyard houses) and classy tourist commercial zones, which feature "China Time-Honored Brands", and unforgettable cultural experiences.①

(二)基于"三原"原则的设计思路

美国学者盖瑞·菲力浦(Gary Philips)认为,知识在大脑中的保留与在学习中受到刺激的感官有着密切的联系。他指出,我们能够记住10%听到的,15%看到的,20%看到和听到的。然而,我们保留了60%做过的,80%带有反思性的、主动完成的,90%是教别人的。由此可以看到,体验与反思对于提高学生的学习效果是非常重要的。在实训过程中,坚持"工学结合、行动导向",以做为主,突出做中学、干中练,提高学习效能。分步遵循技能的原型定向(setting the standard)、原型操作(experiencing the standard)和原型内化(applying the standard)等模式。

实训任务:普惠制产地证、一般原产地证和装箱单的缮制

实训内容:1."三确定":(1)一般原产地证中出口方和收货方名址、运输方式和路线、货物描述、商品编码、出口方声明、签证机构等信息;(2)普惠制原产地证中出口商和收货人名址及所在国、运输工具及路线、货物描述、原产地标准、出口商声明等信息;(3)装箱单中出口商名址、合同号、唛头、箱号、货号、货描、数量、毛重、净重、箱外尺寸等信息。2. 用英文准确无误地将上述"三确定"内容填入一般原产地证、缮制原产地证和装箱单的相应栏目中。3.正确分析业务类型和填制方法。4.检查所填制的内容的准确性,确保不同单据信息之间无相互矛盾之处。

实训模式:1.教师借助适当的外化物质原型,即实际的操作

① 中国社会科学院研究生院国际文化教育中心资料,2011年8月。

活动的顺序或实践模式，正确地讲解和示范。2.学生借助外显的方式，如语言或动作，按物质化的方式，即规定的步骤和方法操作来实施。3.学生借助内部语言或文字符号或口头表达方式，使实践模式向自身头脑内部的程序化转化，并在此基础上逐步做到简捷、熟练、快速的操作。①

（三）基于"三化"原则的设计思路

积极营造"三化"氛围，即职场工作文化环境、工业企业文化环境和跨文化交流环境，采用任务驱动和项目管理的模式，培养学生树立积极的工作态度、养成基本的工作习惯和开展有效的人际交往，以期达到整体提高学生的职业素养和从业能力。

职场工作文化营造的基本点应落在激发学生的英语兴趣和职业兴趣，因为兴趣是最好的老师，"兴趣可以创造出人间奇迹"。而职业兴趣是决定个人职业定位时最重要的因素。职业兴趣建立在需要基础上，带有积极情绪色彩的任职和活动倾向，具体涉及英语实践实训教学的设计，使学生在参与和体验用英语完成岗位工作任务的过程中感到被需要和愉悦，从而增强自信，并产生一定的成就感，职业兴趣就这样培养了。

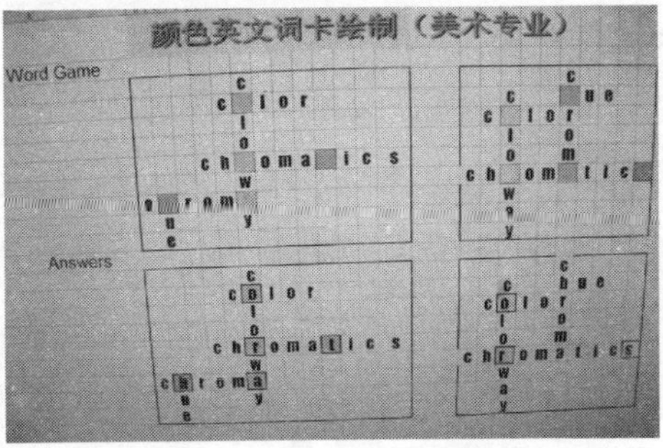

图 1.11　美术专业学生词汇教学卡片成果

① 《湖南省中等职业学校商务英语专业教师培训与考核标准》（草），2012 年 4 月。

图 1.12　美术专业学生英文语篇配图成果

关于企业文化营造的切入点，我们借用 1934 年范旭东先生发起、企业员工共同制定并遵守的“四大信条”。这一座右铭可以代表中国最早的企业精神，具体内容包括：“我们在原则上绝对地相信科学”，“我们在事业上积极地发展实业”，“我们在行动上宁愿牺牲个人顾全团体”，“我们在精神上以能服务社会为最大光荣”。具体到英语实践实训教学的设计，教师应该使学生在参与和体验用英语完成岗位工作任务（即用英语做事）的过程中，真正感受到学习课堂和工作岗位的差异，加强实践实训各个环节的校企文化融合，包括精神文化、制度文化和行为文化（见表 1.1）。

表 1.1　作为学生和企业员工的不同认知

项　目	学　生	企业员工
价值观	个人价值趋向为主	与企业相同的价值观、认同企业文化
金钱关系	交纳学费后学校就有义务传授知识	依靠自己劳动所得来支付各种费用
时间关系	可自由支配的时间较多	每天至少 8 小时受约束

（续表）

项　目	学　生	企业员工
人际关系	和同龄人生活在一起	和不同年龄、阶层、价值观的人共处
学习方法	被动接受教师安排好的课程	在工作中学习
考　核	在确定的日期和确定的范围内	每天都考试
顾　客	没有	有客户意识
制　度	有学校制度，但执行得未必严格	由于是团队行动，制度更严，要求更高
成本意识	没有	时时刻刻的行动都反映成本
质量意识	没有	生产高质量产品
交货期意识	按时完成学习任务	按期完成工作指示并按顾客要求交货
安全意识	被保护的对象	具备危险预知、主动改善的意识

资料来源：傅沛民，《从校企合作看企业文化与校园文化的融合》，载《中国职业技术教育》2011 年第 25 期。

跨文化交流环境营造的立足点在于提高文化敏感度，改变学生在用非母语与异文化背景人士的交流中常常单纯依赖母语文化语用规则来表达自己或理解对方的习惯，增强学生在充分了解对方文化身份的基础上做出判断、站在本民族文化和异文化之上的高度来把握文化现象进行交际的意识。① 具体涉及英语实践实训教学的设计，要使学生在参与和体验用英语完成岗位工作任务的过程中，既了解到显现文化（如语言、文学艺术等），也知晓隐性文化（如人生观、价值观等），而后者对个人适应社会的方式、思维方式的表达、人际关系准则的确定、获取事业成功的动力、管理能力体系的展现等具有决定性的作用。

① 徐存善：《谈经济全球化背景下跨文化交际能力的培养》，载《商业时代》2009 年第 12 期。

盛锡福是中华老字号企业，始创于1911年，九十年的历史抒写着盛锡福代代辉煌的灿烂业绩。盛锡福帽子以其用料考究、手工制作、做工精细、品质优良而著称于世，受到海内外各界人士的广泛欢迎。毛主席、周总理、刘少奇主席、陈毅副总理、江泽民主席以及朝鲜金日成主席、印尼苏加诺总统、柬埔寨西哈努克亲王等党和国家领导人、外国政府首脑都曾在盛锡福订做过帽子。改革开放促进了盛锡福的发展。目前，盛锡福帽子不仅雄踞于国内市场，还远销美、德、法、加拿大、新加坡等国。盛锡福加工制作一顶皮帽通常都要经过几十道工序处理。从皮毛裁制开始，道道工序都有讲究：配活儿要求毛的倒向要一致、毛的长短粗细密度要一致、毛的颜色软硬要一致，裁制皮毛时如顶刀、人字刀、月牙刀、梯子刀、斜刀、弧形刀、直刀、鱼鳞刀等种种刀法千变万化、应用灵活；缝制时要求顶子圆、吃头均、缝头匀，蒙皮面都要缝对缝、十字平、匀扇、翻帽，串口等工序、要求不一而足。这些复杂而又严格的制作程序使盛锡福皮帽成为外形美观、端雅大方、考究精致并穿戴舒适的帽中精品，曾多次为历届国家领导人制帽，并馈赠国际友人，也深受广大消费者的青睐，“头顶盛锡福”成为人们在生活上追求高品质的一种象征。现阶段，能掌握盛锡福皮帽制作工艺的技师屈指可数，曾经成为王府井大街镇街之宝的“盛锡福”海龙皮帽几成绝唱，为了让这项优秀的传统手工艺继续传承下去，必须予以足够的重视和保护。

校外实训基地的外籍专家在审阅学生的译文时，发现“海龙皮帽”被译为“sea otter fur hats”，于是提出了自己的建议。

Sea otters have been on the world's Endangered Animals List for many years. In much of the world outside China, it is illegal to kill them. In most E. U. countries, certainly in North American countries, and in most of the world's developed countries, the prevailing attitude is against the killing of endangered wild animals, such as China's Snow Tiger, and the Pacific Sea Otter, for fur — the Animal Rights Movement is very strong. In most of the world's developed countries, English is spoken, if this article will be published on the world-wide web, where it will be read by people who undoubtedly, will have strongly negative feelings towards Sheng Xi Fu's use of sea otter pelts — it could seriously damage Sheng Xi Fu's reputation. Therefore, I strongly suggest completely omitting any reference to sea otter fur. ①

第二节　软件环境和硬件环境的建设

职业教育的特点要求教师要重点培养学生的职业能力。学生的职业能力包括两个方面——专业技能和职业素质。专业技能又包括单项技能和综合技能。对于学生而言，专业技能就是就业竞争能力，包括知识技能、操作技能、技术技能。职业素质包括五个方面：表达沟通能力、自主学习能力、较高的职业道德修养、突破创新能力、团队

① 中国社会科学院研究生院国际文化教育中心资料，2011年8月。

协作能力,职业素质就是学生的可持续发展能力。职业教育实训基地建设的内涵就是为社会培养高素质、技能型人才。一般实训基地包括校外实训基地和校内实训基地。校外的实训基地要选一些和专业联系紧密的企业,通过校企合作来达到校外实习和技能鉴定的目的。校内实训基地主要依托专业实训室,通过工学结合达到教学实训和对外服务实习的目的。[①]

一、校内外实践实训基地建设

图 1.13　五年以上公共英语类实训基地

图 1.14　五年以上行业职场英语类实训基地

校外实践实训基地的建设不是简简单单地找来几家企业或项目,双方签署几份合同或协议或相互挂牌就可以了。完成形式上的

① http://www.hee.cn/col/1224162762484/1289289777599.html/.

企业合作或一次性项目并非难事。但是，长久的（3—5 年甚至更长）、不断深化的并保持一定人才输送规模和多元化项目的校外实践实训基地，需要不断加深校企间相互了解程度，深挖校企间相互需求状况，拓展校企间相互共赢领域，规划校企间相互协作项目，细化校企间管理对接策略。笔者在英语实践实训校外基地发展中始终保持“英语＋专业”的特色，即“公共基础英语＋行业职场英语”三年不断线的实践实训教学模式，由有序化的公共基础英语实践环节校外实践基地（项目）、公共基础英语实训环节校外实训基地（项目）和行业职场英语实践环节校外实践基地（项目）、行业职场英语实训环节校外实训基地（项目）等交织组成。这样的实践实训模式对学生英语综合应用能力的提高奠定了良好的基础。

此外，我们定期召开校外实践实训基地群工作研讨交流和项目推介整合年度会议。这一会议以校方主办为主、行业企业为辅，在校学生和往届毕业生均可参加。通过开展校外实践实训基地群录用的工作三年以上的往届毕业生示范交流和深度访谈活动，密切基地群中各方的联系，形成多边合作、互惠互利的正向态势，夯实基地合作的持久性和实效性，提高学生就业质量指数（如专业对口率、岗位提升潜力等），使学校真正发挥行业企业人才储备库的作用。

图 1.15　校外实训基地群年度工作会议

图 1.16　英语类实训基地校友返校座谈会

近些年，随着政府和社会各界对职业教育发展的高度重视，财政支持力度不断加大，一些地区尤其是北京、上海以及以江苏和浙江等为代表的东部各省、以广东为代表的南方各省的高职院校校内实训基地硬件环境建设焕然一新，无论是空间规模，还是设备条件、技术水准，都是国内甚至是国际一流的。自 2009 年以来，笔者有幸主持了所在学校北京青年政治学院的七个英语实训室的建设项目，具体包括英语视听实训室（含模仿、会话）、英语演讲（讲座）实训室（含讲解、研讨、辩论等）、英文读写实训室（含无纸化读写及笔记技巧）、英语速记实训室（含速录）、英汉编译实训室（含口、笔译）、英语测试实训室（含无纸化人机交互测试）、跨文化交流实训室（含涉外礼仪）和旅游与商务实训室等。在硬件设备采购、室内装饰等设计环节，都注重“英语环境＋职场环境”的营造。

图 1.17　旅游和商务业务实训室

图 1.18　英语演讲(讲座)实训室

这样的硬件条件与笔者在境外考察的一些国家(如德国、英国、澳大利亚等)的院校形成了一定的反差,这些硬件所承载的实践实训教学内涵与其质量似乎略显不匹配。换句话说,如何用好管好实训基地,为有效培养人才服务、为社会服务,是我们目前更需要努力探索和加强的。也就是说,实践实训基地软件环境的建设,具体包括实践实训体系有效构建、教学资源序化集成、实训室优化管理和实践实训师资实操培训。

基于改建扩建新建的校内实践实训基地硬件环境,构建英语实践实训软件环境时应更加注意:(1)适度实用性原则,即符合职业院校学生心智发展和英语能力提升的特点,促进提高学生掌握和运用英语知识的效率;(2)技能实操性原则,即以“做”为主要形式,在“做”中体验和掌握英语各项技能,加强学生英语核心技能实操的培养;(3)立体交互性原则,即发挥现代科技优势,积极开展多媒体及网络环境资源平台“英语＋ X”建设,促进各项综合能力的培养;(4)成果呈现性原则,即学生实践实训成果能获得可视的或物化的展现,努力激发学生学英语、用英语的主动性和积极性;(5)职场模拟性原则,即将工作文化、企业文化和跨文化融合,深化职业素养内涵,对接就业岗位群提高学生专业对口的发展。

笔者所设计的实践类项目以校内外日常工作和社会活动为主,一般设定累计实践活动时数(或时限)和周期比较短,学生通常在课余和周末完成。比如“4＋1”实践模式就是五天工作日内四天在校内上课、一天在校外基地实践，专业实训、毕业实习累计计入顶岗天数。日常工作类实践项目包括各种助理（TA）制项目，如各类自主在线英语学习管理助理实践、各类英语测试考务助理实践、各类英语竞赛赛会助理实践、各类英语考试咨询服务助理实践等，还包括志愿服务项目，如公共英语标示识错志愿服务实践、图书大厦外语公益讲座志愿服务实践、社区英语沙龙志愿服务实践、国际商务旅游会展志愿服务实践、机场出入境中英文手语志愿服务实践、节假日公交站点中英文指南志愿服务实践等。

笔者设计的实训类项目以校内外开展的集中顶岗或重点项目为主，一般设定累计实训时数（或时限）和周期比较长，学生通常在集中实训学期（一般为1—3周）、寒暑假（一般为30天以上）、毕业设计与毕业实习期间（一般为6个月及以上）完成。校内集中顶岗实训包括基于行业基础知识的英语视听说实训（公共技能实训平台）、各类校本英语实训软件单项及多项技能实训等；校外集中顶岗（以企业岗位外包为主，包括英文资料搜集与整理、英文资料编辑与翻译、涉外旅游商务坐席咨询服务），等等。校内重点项目包括大学生科研与创业行动计划、教学资源库建设、精品课程与精品教材建设、毕业设计等，校外重点项目包括中英文网站编译项目（政府类）、境外旅游目的地国家景区景点网站编译项目和国际化管理人才英语集训项目（企业类）等。

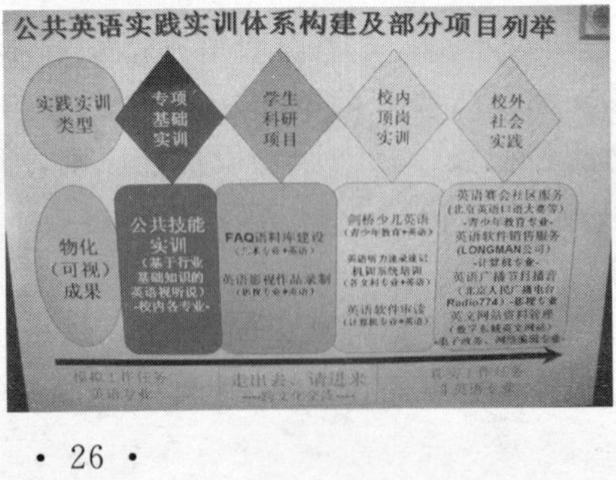

图 1.19　公共英语实践实训体系

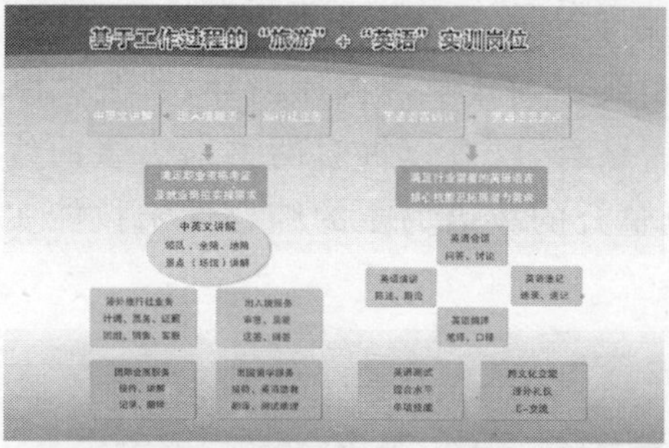

图 1.20　旅游英语专业实践实训项目体系

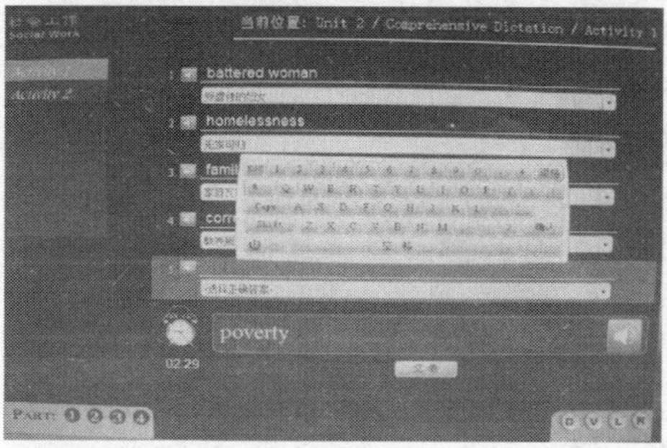

图 1.21　社会工作专业行业英语词语拼写实训项目

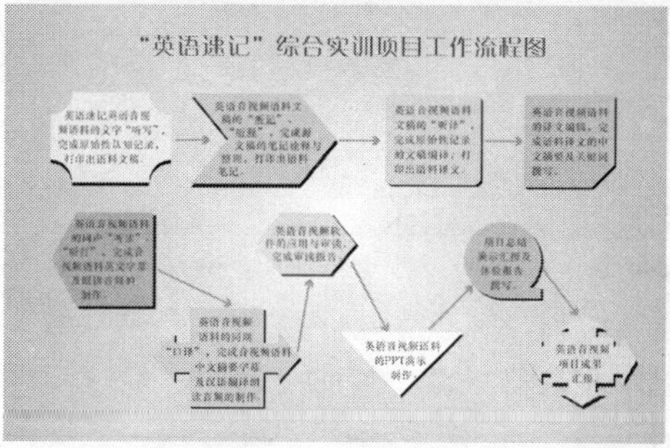

图 1.22　传播专业行业英语速记综合实训项目

教学资源库建设突出序化集成和资源共享的特点，遵循：(1)教学大纲(如《高等职业教育英语课程教学要求》)的基本规范和要求，这是国家管理和评价的基础，是政策性强的教学资源；(2)国家标准和相关专业教学计划(如《应用英语专业教学基本要求》、《旅游英语专业教学基本要求》、《商务英语专业教学基本要求》、《英语教育专业教学基本要求》等),这是争取实践实训教学最优化的依据,是实现培养目标的前提条件。细化英语实践实训教学资源库内涵,将公共基础英语与行业职场英语有机紧密结合,既有以拆解的英语为主的线性微技能实践实训资源,也有以整合的英语为主的综合性宏技能实践实训资源(详见第二章)。

图 1.23　英语教师管理语言训练中心

图 1.24　英语教师校外实训基地挂职

这些英语教学基本要求表明,进一步规范校内外实践实训基地建设标准和优化管理体制已经纳入英语实践实训教学要求范畴。相关教学的基本要求一方面界定了规范的专职实训室管理岗位的一般要求，另一方面，在专职实训室管理岗位指标受限和实施校内实训师制进退两难的环境下，启发笔者创新地尝试了英语教师实训基地全员管理制，平均每位英语教师每月1天轮流到岗全面负责校内实训基地的日常管理与维护（含软、硬件设备等），或者轮流到校外实训基地挂职，聘职期内专业教师累计实际挂职天数不少于90天。两年的实践表明，在保持实践实训基地使用率达标的基础上，校内实训基地软硬件设备的完好率明显上升了，实训教学管理事故率清零了；校外实践实训基地项目岗位的对口性、可操作性、实效性大大提高了，与校内外实训基地配套的再生教学资源库更加丰富和实用了。更重要的是，英语教师培养“英语＋X”的综合实际操作能力和职教素质也显著提高了。

二、英语实践实训教学软件引进与研制

与校内实训基地建设专项配套的非校本英语实训教学软件成品的引进与应用主要体现在通用型公共基础英语实训教学软件方面。在英语视听说实训方面，以引入国内外研发成品为主，如英语口语应用能力机训系统等；在英语综合能力实训方面，以引进国外研发成品为主，如 TellMeMore、Longman 等；在英语综合水平测试实训方面，以引用国内研发成品为主，如英语应用能力 AB 级测试系统、大学英语四六级模拟测试系统等。这类实训软件为非开放式的，设有英语技能模块和水平层级标准，但是教师无法自主拆解重组和自由添加校本内容或本土化内容。

与教学资源库建设配套的校本英语实践实训教学软件设计研发与应用，主要体现在技能型行业职场英语实训教学软件（单机版、网络版）方面，包括视听特色鲜明的融行业英语基础知识为一体的听写、听记、听释和听译的英语速记系列成品（如基于行业的“英语听力

速录速记实训测试系统”和“实用英语速记基础实训系统”、“旅游英语专业视听速记实训系统”等）。这类实践实训软件中部分为开放式的，即教师可适当增添或删改非校本内容或非本土化内容，并允许无纸化主观实践实训成果纸质化处理。

无论是成品引进还是自主研制，英语实践实训软件应保持其友好的多模态交互功能、规范的多元素泛学功能和立体的多视角展示功能。

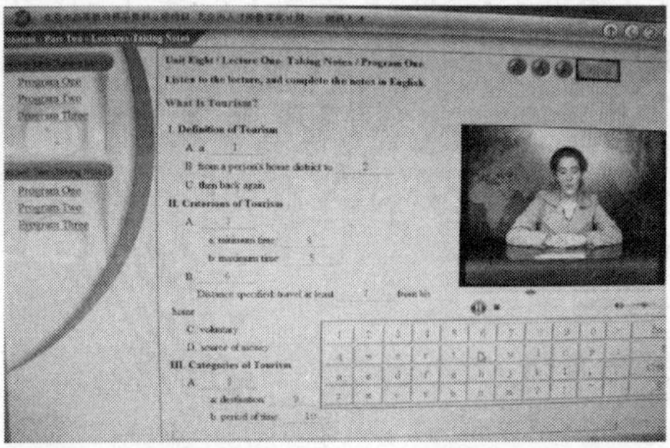

图 1.25　校本英语实训软件（单机版）

图 1.26　引进英语交互实训软件（网络版）①

（一）基于行业的校本英语实训软件系统编制

这套系统包括四大模块。软件系统涉及的主题依次为教育、社

① 北京文华在线科技发展有限公司，朗文商务英语在线平台，2012 年。

会工作、法律、管理、会计、新闻、文秘、旅游、美术、计算机。

图 1.27　英语听力速录速记实训测试系统主页

1. 听写实训测试模块

首先是听录音选答案。

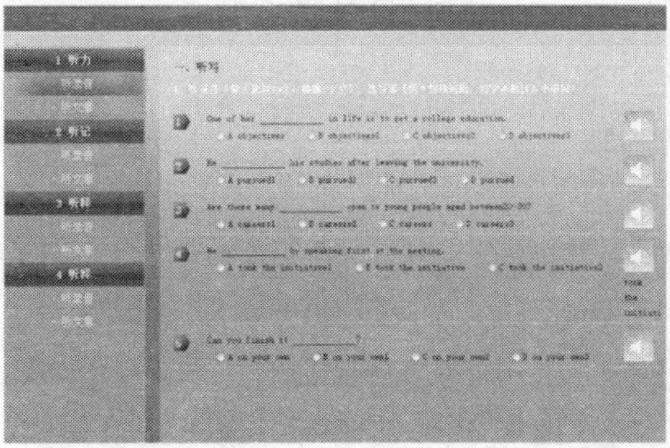

图 1.28　英语听力速录速记实训测试系统听写实训测试选择题模块

试题文本及配套音频数套，包括试题主题、试题编辑及选项、试题录音原文、试题参考答案、试题单句音频。每套试题中有句子录音 15 个，每题 4 个选项选 1 个。

然后是听录音填写关键词。

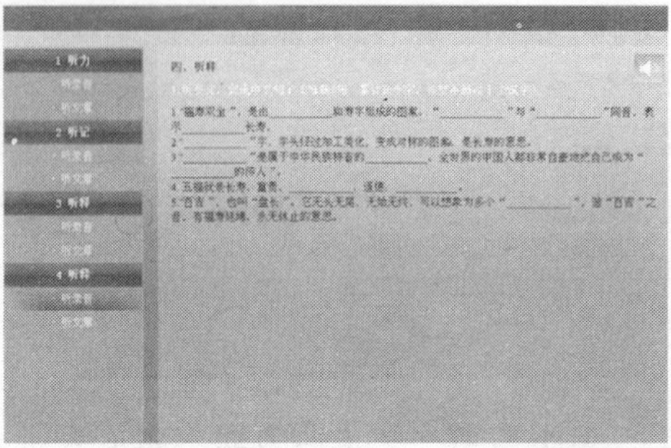

图 1.29　英语听力速录速记实训测试系统听写实训测试填空题模块

试题文本及配套音频数套，包括试题主题、试题编制（累计 10 个空）、试题参考答案、试题录音原文、文章音频，每套试题中有文章录音 1 个，填空数 10 个。

2. 听记实训测试模块

首先是听录音改写关键词。

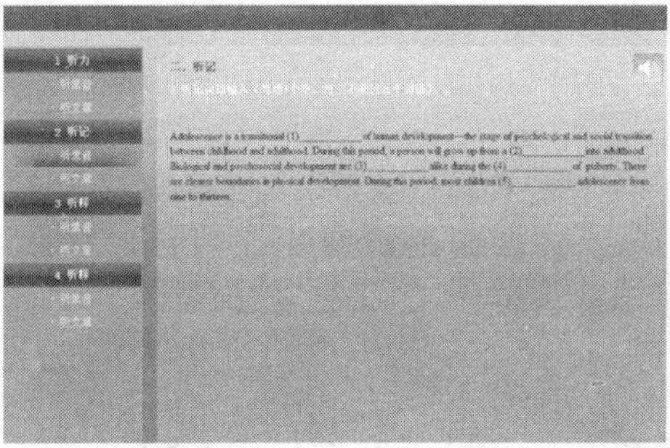

图 1.30　英语听力速录速记实训测试系统听记实训测试改写题模块

试题文本及配套音频数套，包括试题主题、试题编辑、试题录音原文、试题参考答案、段落视频。每套试题中有段落视频 1 个，每题填空数 5 个。

然后是看视频完成提纲笔记。

图 1.31　英语听力速录速记实训测试系统听记实训测试视频作业模块示例

试题文本及配套音频数套，包括试题主题、试题录音原文、试题参考答案、文章视频。每套试题中有文章录音 1 个。

3. 听释实训测试模块

首先是听录音完成笔记卡识别。

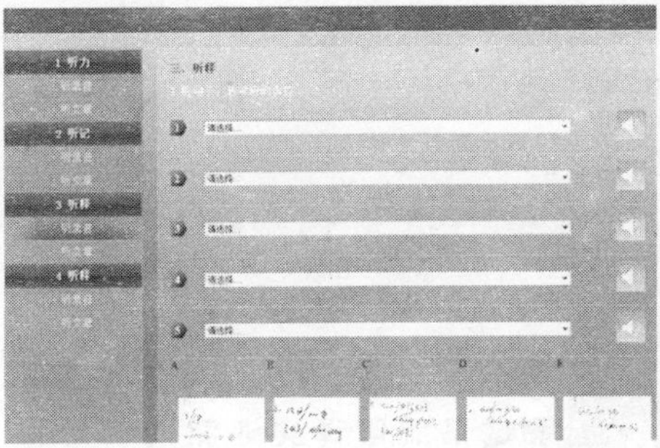

图 1.32　英语听力速录速记实训测试系统听释实训测试录音笔记模块

试题文本及配套音频数套，包括试题主题、试题编辑、试题录音原文、试题参考答案、单句音频。每套试题中有句子录音 5 个、笔记卡片 5 张。

然后是看视频完成笔记卡。

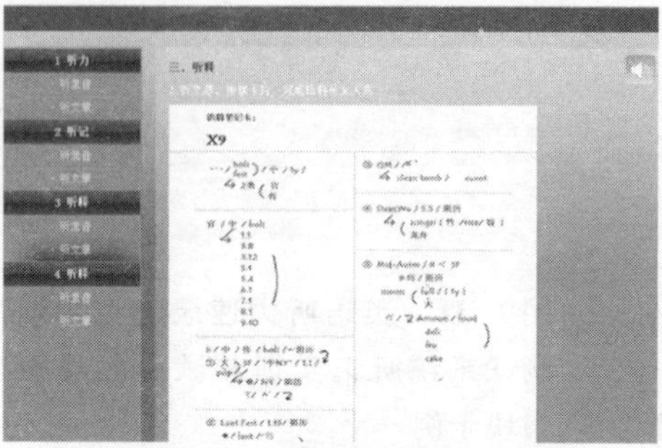

图 1.33　英语听力速录速记实训测试系统听释实训测试视频笔记模块

试题文本及配套音频数套，包括试题主题、试题录音原文、试题笔记卡、试题参考答案、文章视频，涉及主题以教材为准依次展开，以旅游英语专业为主。每套试题中有文章视频 1 个、笔记卡 1 张。

4. 听译实训测试模块

首先是听录音完成译文词语填空。

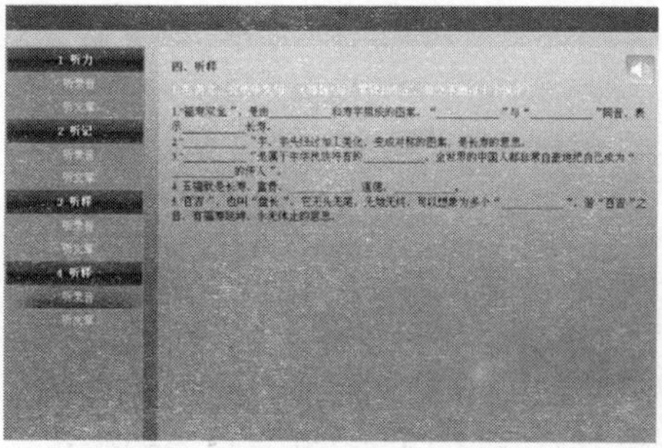

图 1.34　英语听力速录速记实训测试系统听译实训测试填空题模块

试题文本及配套音频数套，包括试题主题、试题编辑、试题录音原文、试题参考答案、试题音频。每套试题中有文章录音 1 个、试题句子 5、累计填空 10 个。

然后是听录音完成译文语句排序。

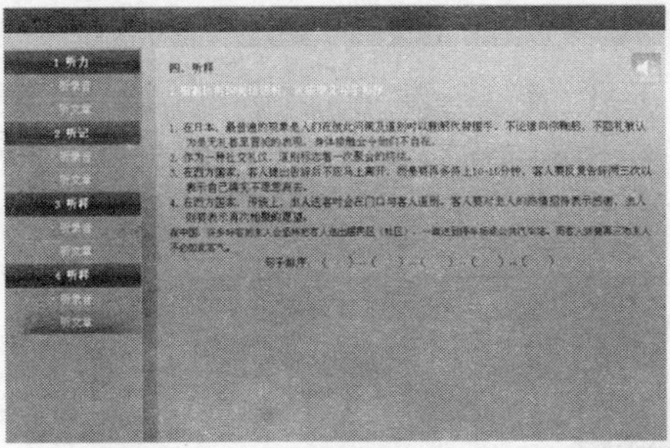

图 1.35　英语听力速录速记实训测试系统听译实训测试排序模块

试题文本及配套音频数套，包括试题主题、试题编辑、试题录音原文、试题参考答案、试题音频。每套试题中有文章音频 1 个、试题句子 5 个，任务是给句子重新排序。

（二）基于行业的校本英语听力教材"英语听力速记实训系列"（单机版）实训软件编制

图 1.36　"英语听力速记实训系列"教材（共 10 种）

这套软件设播放、练习和测试三大板块。在播放模式下，界面会显示出所有听力材料对应的文本。也就是说，听力题目及答案可以完整显示，用户可以对照文本完成听力训练。在练习模式下，界面只显示题目而不显示答案，测试者根据所听内容答题，答案提交后当即判断正误。在测试模式下，测试者分组答题，测试过程中不立即判断正误，只有在完成同一单元所有听力题目并交卷后方得到评价，测试模式下程序随机打乱同一单元里的题序。

具体的操作步骤是:选择模式(练习、播放、测试)——选择学科(旅游、商务、文秘、法律、社会工作、教育、新闻、计算机、美术、会计)——选择单元(单词听写、填空听写、复合式听写、理解与释义性听写)——选择题型(任务一、任务二)——开始。

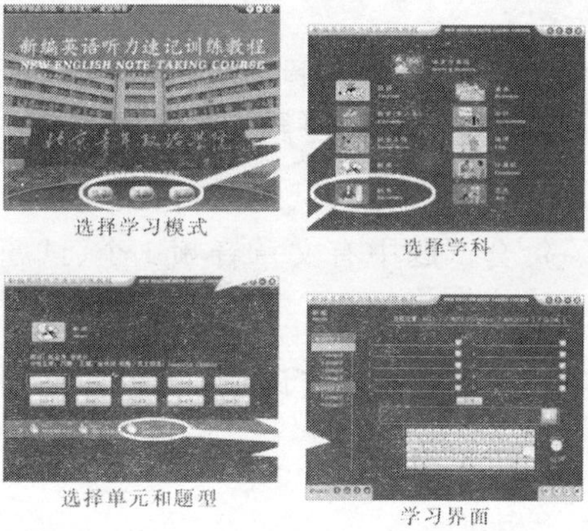

图 1. 37 “英语听力速记实训系列”软件操作示意

在这一软件的界面中分布着相应的功能按钮。

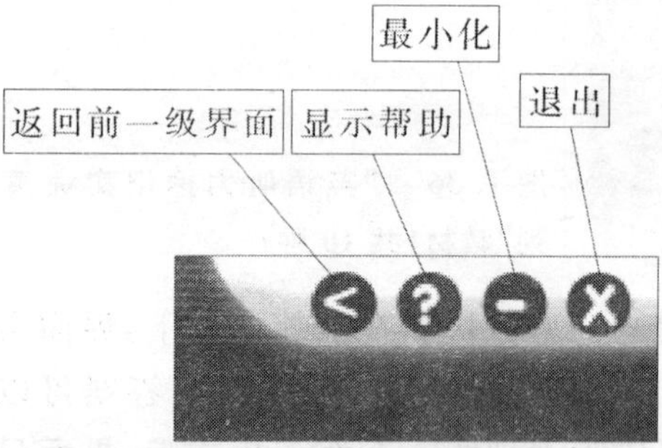

图 1. 38 “英语听力速记实训系列”软件导航及功能键

图 1. 39 “英语听力速记实训系列”软件题组切换键

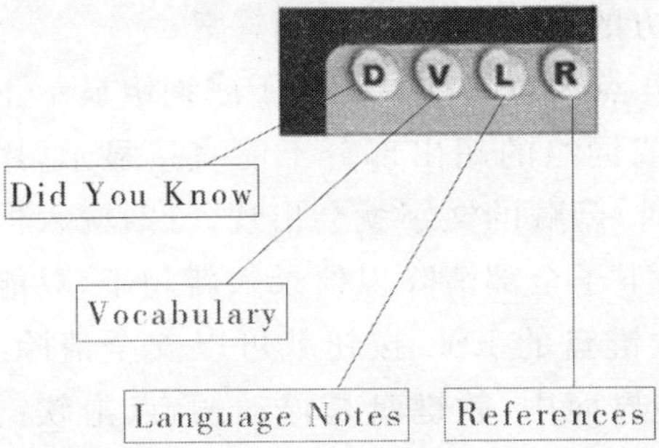

图 1.40　“英语听力速记实训系列”软件附录信息选择键

“英语听力速记实训系列”的每一分册都由四个部分组成。第一部分单词听写(Word Dictation)主要练习单词和词组。设两项任务(Activity 1,Activity 2)、7 组(Group)。在界面左侧的一排按钮中可以直接点击选择要学习和测试的组。界面主体区显示了当前组 10 个单词或词组,点击其中任意一个小喇叭按钮播放录音,显示要学习或测试的题目。通过键盘或软键盘录入字符时,录入框里会显示录入过程,按回车键提交答案。第二部分填空听写(Spot Dictation)的任务是听句子填写或选择空缺的单词,下设两项任务,各设 10 个句子,分填空和选择两种题型。点击 10 道题目里任意一个小喇叭按钮可以播放录音。任务一要求根据录音通过键盘或软键盘输入空白处缺漏的单词,任务二要求根据录音在三个备选答案中点击正确答案。第三部分复合式听写(Compound Dictation) 有两段文字,第一段是录音原文,第二段是试题,两段文字表达的内容或意义不变,要求从备选答案中选择正确的缺漏单词。在播放模式下,两段文字都可以显示出来,点击段落旁的“原文”或“题目”就可以切换。在练习和测试模式下不显示原文。在段落的下方是五个空白框和五个备选答案,直接拖动你认为正确的答案要对应的空白框里可以了。第四部分理解与释义性听写(Comprehensive Dictation) 设两项任务,第一项任务要求先听英语短语然后完成中英词语配对的训练;第二项任务要求先听英语句子然后完成中文翻译的相关选择。通过键盘或软键盘录入英文句子或词组，点击展开题目正方的下拉框，选择正确答案。

完成这套练习的过程中有几点注意事项：(1)句子或词组显示不完整怎么办？某些过长的句子或词组的超出部分不能直接显示，用鼠标点选文字向右或向下拖曳时，隐藏的文字就会出现。(2)输入框里有一个很长的句子，如果想一下子全部清除以便录入新句子，只能逐字删除吗？不用，按键盘或软键盘的 ESC 按钮就可以安全清除。(3)软键盘可以关闭吗？在某些界面中，软键盘是浮动的，点击软键盘左下角的红色按钮可以暂时关闭软键盘，点击任意某道题的小喇叭按钮时会再次调出软键盘。(4)为什么练习某道题目时输入的答案总被判断为错误？请对照播放部分仔细检查输入的答案，尤其注意大小写、空格、标点符号、全角半角等。

(三)基于行业的校本英语听力教材《实用英语速记基础教程》(单机版)实训软件编制

图 1.41　《实用英语速记基础教程》

这是一套新型的融教、学、做为一体的交互模拟式英语视听→英语记录(速录 + 笔记)实训体系。这套教程按学科分为10个单元,每个单元由“速记工作坊(Workshops)和“学科讲坛”(Lectures)两项组成。

单词听写(Word Dictation)板块中编排了三种交互性实训模块:(1)听英文单词、看英文例句、猜中文词义,实训数量15;(2)看中文词义、听英文例句、猜英文单词,实训数量15;(3)听英文短文、填原词,实训数量20。

看图做题(Work with the Graphs)板块包含了三种交互性实训模块:(1)完成填图,实训数量10;(2)专业英语词语或关键词听填并与中文配对,实训数量5;(3)补充中文语句,并将所有中文语句按所听篇章内容排序,实训数量5。

以音视频语料为主的“学科讲坛”围绕教育(青少年)、社会工作、法律、商务、会计、新闻、秘书、旅游、美术和计算机等学科知识,每个单元为一门学科,以案例法完成语篇逻辑记录与笔记结构的诠释。每个学科(单元)包括两篇语料,第一篇侧重学科理论概念或宏观论述,第二篇侧重实用案例或微观描述。该部分配套的软件中也设定了一系列的操作技能交互模拟强化实训(限时或非限时),即在视频播放中设置了三种选择模式——无字幕视频播放、全英文字幕同步视频播放、中文关键词和中文摘要滚动视频播放,引导学生完成笔记记录实训子项目:(1)引导性完成讲座笔记填写(每个讲座实训数量15个);(2)自主性完成讲座英文笔记;(3)自主性完成讲座中文摘要笔记。该教程配套软件的参考答案中包括录音原文(Recording Script)、答案(Answers)、相关词汇(Vocabulary)、例句(Example Sentences)和中文版笔记诠释(Note-Taking Folder)。

这套软件设播放、训练和测试三大板块。在播放模式下,界面显示出所有音视频材料对应的文本,包括题目及答案等。实训者可以选择播放速度(稍快、正常、稍慢),对照文本开展相关实训。在训练模式下,界面只显示题目而不显示答案,实训者根据所听或所看的内容，按照相应的播放速度（稍快、正常、稍慢）完成训练，提交答案后可逐一得到相关正误评判。此模式下配有可选择性的动态模拟键盘。在测试模式下，测试过程中不立即给出正误评判，选择播放速度按钮（稍快、正常、稍慢），在限时条件（配有动态记时钟）下完成整套测试模块，交卷后得到相关正误评判和评价等级。此模式下配有可选择性的动态模拟键盘。

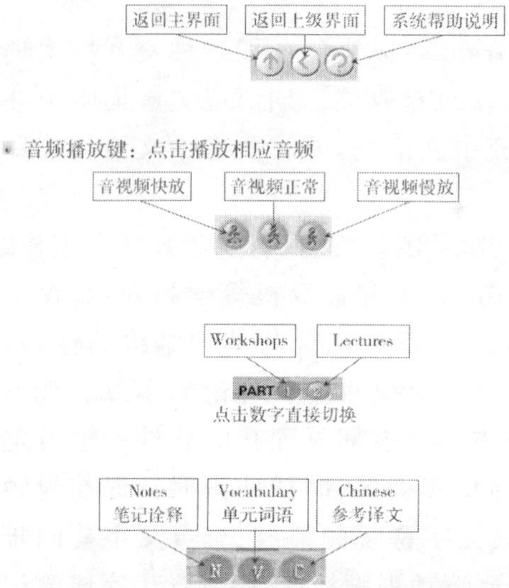

图 1.42 《实用英语速记基础教程》软件使用示范

(四)基于行业的校本英语听力教材《英语听力速记基础训练教程》多媒体辅助与自学实训软件编制

《英语听力速记》系统设置三种实训模仿，即练习、考试和播放。鼠标左键点击"登录"，出现"播放"、"练习"和"考试"。

播放模式以单元各部分中的 Activity 为整体模块进行编排，音频资料为 MP3 格式。训练者可以与教程同步配套使用。操作时，点击"播放"，出现教程所有内容的语音资料目录；点击小喇叭图标，可以听音；点击小喇叭图标上方红色的"X"，语音资料停播。需要注意的是，播放系统没有设置暂停功能，也没有文字训练材料。

图 1.43 《英语听力速记基础训练教程》

练习模式以单元各部分任务中的训练要求为基本模块进行编排，不设定训练时限，所配答案以两种方式展现：(1)每个训练点配有答案或提示，训练者先听(出现喇叭图标时)后记(出现文字记录框时)，完成后即可得到答案或正误提示；(2)以 Part 为单位，配有整体的录音原文与参考答案一览。模拟键盘帮助训练者熟悉在计算机上完成速录速记日常训练。以第一单元为为例，操作步骤如下：(1)点击“练习”，出现各单元一览；(2)点击“Unit One”，会出现导语以及所有习题一览；(3)点击任意一个 Activity ，导语之后出现训练点或训练题；(4)依次点击小喇叭图标，逐个或反复进行先听音后记录的训练。录音播放结束后出现填空框和模拟键盘。可点击模拟键盘上的相关字母键，也可直接在计算机上打字，填空框和模拟键盘同时显示训练者记录的内容，点击回车键模拟键盘则立刻消失，答案或提示设置在下方，对错的图标出现在速录速记结果的右侧；(5)记录内容后，点击↓标左侧的图标可浏览全部相关答案，点击↓标则退出。需要注意的是:(1)训练题数量的提示在下方,自动出现“小手”的为训练内容;(2)由于页面整体要求和程序所限,部分内容展示受限,应以教程为准,如 Unit One 里的 Part Two 中的 Activity 3:选择性答案;(3)由于程序或键盘应用符号有限,答案以教程为准,如 Unit Three 中的部分答案。

考试模式以单元各部分的训练要求为基本模块进行编排,设定考试时限与模拟键盘,但不设试题答案与提示,训练者先听后记,完成每一个 Part 后,可得到成绩及相关评语。考试系统适合于训练在计算机上完成速录速记任务的测试。以第一单元为例,操作步骤如下:(1)点击“考试”,出现各单元一览;(2)点击“Unit One”,导语之后出现单元所有 Part 与 Activity 一览;(3)点击 Activity,导语之后出现训练点或训练题;(4)依次点击小喇叭图标,逐个或反复进行先听音后记录的训练。录音播放结束后出现填空框和模拟键盘。可用鼠标左键点击模拟键盘上的相关字母键,也可直接在计算机上打字,填空框和模拟键盘同时显示训练者所记录的内容,点击回车键,模拟键盘则立刻消失,考试系统无答案或提示,也无对错图标出现;(5)完成整个部分后,可点击↓标,出现成绩及相关评语。如未能在时限内完成任务,考试自动关闭,出现上述展示内容,即成绩及相关评语。需要注意的是:(1)考试题数量的提示在下方,自动出现“小手”的为考试内容;(2)由于页面整体要求和程序所限,部分内容展示受限,应以教程为准,如 Unit One 里的 Part Two 中的 Activity 3:选择性答案。

第二章

英语实践实训教学设计

第一节　英语听力模仿实践实训设计

英语听力训练一般包括听音辨音、听音辩形和听音会意。听音辨音指能察觉出说话人在语音语调上的特点，分辨出其语音的正误，并能发现正确的语音语调与自己的语音语调的差别，由此达到自行纠正的目的，这是语音教学的主要任务。听音辩形指听话人通过对某一语言材料反复听，达到听准其语言形式并进行记熟和复述的程度，从而掌握语言基本知识并达到熟巧，这是以句型、课文为中心的综合教学中常进行的听力训练。听音会意指通过听觉活动和认知活动理解说话内容，是一种领会式的言语活动形式，它所听材料题材和体裁广泛，单位时间信息量大。①

在拆解重构英语听力训练体系的过程中，我们设计了英语听力模仿实践实训模块。这一模块的设计灵感源于一项音乐基本技法——模仿。模仿最早出现于 13 世纪的某些民间多声音乐中，如轮唱曲等。16 世纪时作为一种作曲技法被广泛应用。运用模仿手法陈述主题和开展乐思，能使各声部之间获得更紧密的联系，使乐曲发展更具动力，因而成为复调音乐写作中不可缺少的重要技术手段。当某一声部的主题或动机在另一声部中跟随出现时，即谓模仿。先出现的声部称为开始声部（或"起句"），后出现的声部称为模仿声部（或"应句"）。根据模仿音程的精确程度，可分为严格模仿与自由模仿两类：前者指模仿时音程作完全一致的移位；后者指模仿时仅保持音程的度数，不追求精确移位，以使调性统一，或有个别音级的改变。就模仿的方式而言，有正格式模仿与变格式模仿的区别。正格式模

① 王铭玉，《新编外语教学论》，上海外语教育出版社，2008 年，第 183 页。

仿的应句在音调、方向、节奏等方面与起句相同，后者则有种种变化：如将起句时值成倍增减，则为增时模仿与减时模仿；如将起句作音程上的转位，即以某音为轴使动机或主题作上下方向相反对称的改变，则为倒影模仿；将起句各音出现之顺序改为自右至左的进行，则为逆行模仿等。当起句与应句之间出现主音属音相互对换以保持调性一致时，则为守调模仿；当主题或动机尚未奏（唱）完而模仿声部即已进入与之交叠者，则称密接和应。笔者在某电视台模仿源声演唱的节目等活动中不断尝试与实践，将模仿引入英语实训教学。模仿的条件是没有外在压力，个体在他人的影响下主动仿照他人，使自己的行为无限接近于他人的行为。一般来讲，模仿是自愿产生的，是学习的基础。榜样是模仿的条件。模仿可以分为有意模仿与无意模仿。有意模仿是模仿者有目的、主动地模仿；无意模仿并非绝对的无意识，只是意识程度相对比较低。

结合本人在英语听力和英语口语训练中的体验，笔者将英语听力模仿实践实训基本定义为“听英语作品，同步跟读模仿”。跟读有声标准英语作品的过程中，注意跟读模仿声不要覆盖源声，节奏略慢半拍，做到全真模仿性训练。

一方面，英语听力模仿实践实训有助于模仿者逐步消除在听英语时的不安全感，能帮助模仿者尽快熟悉和适应说话人的语音、语调、语速、用词选择、断句习惯、表达方式等。

例如，在某机构的青年人才英语培训项目实施过程中，部分学员对来自南亚某国的英语教师的讲课感到非常不适应，尤其是对教师的英语语音语调难以接受，因此对这门课程产生了抵触情绪和轻微的文化歧视倾向。事实上，培训结束后这些学员将被派到南亚某国开展各项工作。为了达到客户方提出的相关培训要求，笔者引入了听力模仿实践实训模块，大大缩短了学员们的听力适应期。

再例如，在一次培训某地区英语口语考官时，中国考官对非亚裔考生英语口语的评价普遍偏低（与国际相关参考标准相比），而对亚裔考生英语口语的评价普遍偏高（与国际相关参考标准相比）。笔者引入了听力模仿实践实训模块，促使英语口语考官对评价尺度的把握逐步与国际接轨，逐步缩小了地缘文化在英语口语（语音语调）评价中的差异。

另一方面，英语听力模仿实践实训的积极作用表现在促进模仿者美化英语语音语调、增强语感、提高英语表达流利程度、养成英语思维等方面。

笔者的亲身经历就是一个生动的案例。当年高考前，笔者无意识地大量模仿了林格风（英式英语），赢得了高考口语考官的高度评价——“一口纯正的‘伦敦音’”。进入大学后，笔者又无意识地大量模仿了 VOA（美式英语），当时的美籍外教评价夸奖说“一口漂亮的‘美国音’”。现在，从事了数十年英语教学后，笔者经常听到外籍教师这样的评价：“你讲了一口标准的课本英语（textbook English）。”可见，模仿潜在的作用巨大。

一、英语听力模仿实践实训的基本方法

（一）文本式跟读模仿模式与非文本式跟读模仿模式

文本式跟读模仿模式是指模仿者在跟读源声语料的同时浏览英语源声语料的文字资料，即听力录音原文。

非文本跟读模仿模式是指跟读者不需要阅读英语源声语料的文字资料。

建议模仿者训练从文本式跟读模仿模式向非文本式跟读模仿模式过渡，因为多数情况下我们接收信息是靠耳朵、而不是眼睛。长时间依赖文本训练的隐患是，一旦真实职场中没有文本，会平添很大的心理压力。

(二)无意跟读模仿模式与有意跟读模仿模式

无意跟读模仿模式指不要求逐一完全听明白语料的所有内容或获取某些信息。无意跟读模仿的形式可以是多样的、多时间段的,就像听流行歌曲一样,无需刻意学会歌谱,也无需刻意识记歌词,听多了、模仿多了,慢慢就会唱了。这样的训练不会给训练者造成太大的心理压力。

有意跟读模仿则需要边听边跟读边捕捉一定的信息,包括词、句、点信息、综合信息。

建议模仿者将无意跟读模仿模式与有意跟读模仿模式结合进行,或先无意跟读后有意跟读,这样既有快乐,又有收获。

(三)已知跟读模仿模式与未知跟读模仿模式

已知跟读模仿模式指利用已经学过的英语源声语料进行模仿,一来可以复习已学知识,二来可增强听力自信,消除紧张。

未知跟读模仿有一定的挑战性,要求训练者对全新的材料进行听力跟读模仿。在未知跟读模式下,建议训练者首先选取自己比较感兴趣的或比较熟悉的或情节性比较强的材料进行跟读模仿。未知跟读模仿是听力训练者应努力做到的。

(四)单一性跟读模仿模式与全方位跟读模仿模式

单一性跟读模仿模式侧重于提高训练者某一方面的能力,如语音识别、语调调整等。

全方位模仿模式实质上就是我们所熟悉的"模仿秀",如模仿语音、语调、语速、音色,甚至表情、动作、着装等。选取一段精品做模仿秀,既有快乐,又有成就感。

上述训练形式可以相互交替、复合式、由慢速到快速地逐步展开。跟读模仿的英语原生语料可以选择与学校培训课程相关的教材和资料。跟读模仿可以不涉及角色的转换，也可以多重角色交互模仿。跟读模仿可从语句、对话开始，随着英语水平的提高，转向段落和篇章。语料选取还应注意由浅入深、以旧带新、变专为博。总之，英语听力模仿实践实训的出发点是基于对兴趣的培养和基本听说习惯的养成。

二、影响英语听力模仿实践实训的相关因素

(一)说话人的因素

说话人的因素包括说话人的语音语调特点(如联音变音、同化缩音、省音连读等)、语速语流节奏变化等，还包括说话人的性别、年龄、社会角色、文化背景等因素。

(二)听话人的因素

听话人的因素包括听话人听音时的心理状态(如喜好程度、自信程度等)、听力习惯、发音生理习惯、自身语音语调等。

(三)材料因素

模仿材料因素包括材料类型(如音频、视频等)、材料语体(如书面语、口语等)、材料背景知识(如跨文化意识)与题材(如熟悉或陌生)、英语水平(如词汇、语法、阅读)等。

(四)环境因素

环境因素包括材料录制效果(声源内)、裸听环境(无耳麦)、干扰性环境(声源外)、人机环境等。

以上因素不仅影响着英语听力模仿实践实训，而且影响着英语听力速录、英语听力速记、英语视听写作、英语视听讲解和英语视听编译等实践实训。为避免重复，下文不再罗列。

三、英语听力模仿实践实训模块构建

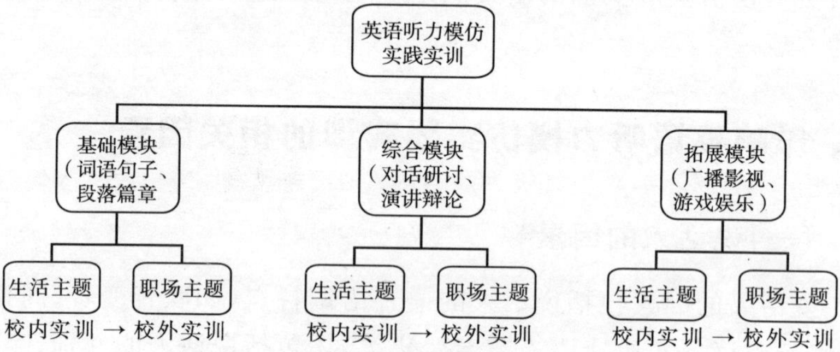

图 2.1　英语听力模仿实践实训模块体系

表 2.1　英语听力英语模仿实践实训项目一览

模仿情景 1	电话模仿跟读
模仿情景 2	对话模仿跟读
模仿情景 3	讨论（研讨会）模仿跟读
模仿情景 4	讲解（报告、讲座、演讲）模仿跟读
模仿情景 5	广播（影视）模仿跟读
实训环境	非现场（非实况）→ 现场（实况）
	单一媒体 → 多媒体
	本专业（单一性）→ 跨专业（交互性）→ 跨文化（交际性）……

注释：表中所列专业以文科为主，如教育、社会工作、法律事务、旅游、文秘、商务、会计、新闻、美术、计算机。其他专业可以参照实践，以下同类表格中不再重复。

四、英语听力模仿实践实训的评价要素

（一）相似度

相似度指模仿者模仿与源声匹配的程度，换句话说，就是模仿得

像不像。

(二)完整性

完整性指模仿者模仿源声内容的覆盖程度,也就是说,模仿者是否能全程一字不错地、流畅顺利地输出全部模仿内容。

(三)可识率

可识率指模仿者转化源声信息的有效性,即模仿者所输出的内容是否能被其他人所理解。

(四)创造性

创造性是指模仿者展现模仿活动的方式,现场或非现场,即兴或非即兴、团组或个人、技术性含量、个性展示度等。

五、英语听力模仿实践实训范例

(一)职场主题讲座模仿

在无纸化的状态下,学生在模拟演播室内完成声源内容(如主题讲座)模仿的实训。

实训中,学生现场选取某一专业主题讲座视频(无英文字幕),在限定时间(可根据实训进度和学生实际水平设定)内边看视频边模仿跟读。

学生可以先期听到无间断的声源内容,然后带上耳机在模拟演播室内完成现场模仿跟读。

学生自行比对专业主题讲座素材视频(含英文字幕)与自录模仿跟读视频,并按前述此项实训的评价要素完成自评自测、互评互测及效果分析,通过与指导教师和同学的交流分享收获和快乐,找出问题和改进措施。

Many people have always asked me the same question of what is sustainable tourism. I find it hard to answer the question. So far there has been no widely accepted definition of sustainable tourism.

It is usually thought vital that any definition of sustainable tourism should emphasize the environmental, social and economic elements of the tourism system. This might lead to a definition that sustainable tourism means tourism which is economically viable but does not destroy the resources on which the future of tourism will depend, notably the physical environment and the social fabric of the host community.

However, some commentators feel that trying to produce definitions of sustainable tourism is dangerous because general definitions may gave the impression of simplicity in what is a complex area while tight definitions might also limit the range of issues to be covered under the heading of sustainable tourism. Conversely, the lack of widely known and accepted definitions will lead to some confusions over what sustainable tourism means.

Although we cannot easily define sustainable tourism, it is perhaps possible to propose a set of principles of sustainable tourism management. Next, I will introduce some principles to you. Sustainable tourism emphasizes that there are limitations to growth and tourism must be managed within these limits; long-term rather than short-term thinking is necessary; the concerns of sustainable tourism management are not just environmental, but are also economic, social, cultural, political and managerial;

sustainable development should be a goal for all policies and actions, so there are often limits to what will be achieved in the short and medium term; there are frequently conflicts over the use of resources, so in practice trade-offs and compromises may be necessary. All of these are the principles that need to be emphasized in sustainable tourism management.

(二)英文歌曲模仿 PK

在无纸化状态下,学生模仿演唱英文歌曲,可以是独立模仿,也可以是组合模仿。

实训中,学生现场自选某一英文歌曲音视频(无英文字幕),在限定时间(可根据实训进度和学生实际水平设定)内边听边模仿。

学生可以先期听到无间断的声源内容,然后带上耳机完成模仿演唱。

学生自行比对英文歌曲素材音视频(含英文字幕)与自录模仿跟读视频,并按前述此项实训的评价标准完成自评自测、互评互测及效果分析,通过与指导教师和同学的交流分享收获和快乐,找出问题和改进措施。

I started a blog which nobody read
When I went to work
I blogged there instead
I started a blog which nobody viewed
It might be in cache
The topics include:

"George Bush is an evil moron"
"What's the story with revolving doors?"

"I'm in love with a girl who doesn't know I exist"

"Nobody hates preppies anymore"

I started a blog but nobody came
No issues were raised
No comments were made

I started a blog which nobody read
I'll admit that it wasn't that great
But if you must know here's what it said:

"100 of my favorite albums"
"200 people I can't take"
"400 movies I would like to recommend"
"10 celebrities (4 of whom I might assassinate)"

I started a blog
I sent you the link
I wanted the world (and you) to know what I think

I started a blog
But when I read yours
It made me forget
What I had started mine for

在开展上述实训设计时还要注意:(1)程序化:按规程和时限完成实训过程中的每一步。程序结构清晰简单可行;(2)无纸化:完成基于听力(耳为主)环境下的心理适应和心态调整;(3)自主化:学生自行完成全过程的实训,先有"做→感"的体验,后有"感→思"的交流。做中学、学中练、练中思;(4)场景化:实训的体验使学生开始真正意识到语言及语言交流的细节,包括语言交流之外诸多方面因素的重要性。

程序化、无纸化、自主化和场景化不仅是开展英语听力模仿实践实训的注意事项，在开展英语听力速录、英语听力速记、英语视听写作、英语视听讲解和英语视听编译等实践实训的过程中也要注意这些因素。下文不再重复。

（三）游戏竞赛活动设计

1. 传声筒（回声筒）游戏

在无纸化状态下，声源内容（音视频标准素材）在学生之间模仿，并有序线性下达，从第一个学生传输到第 N 个学生，最后，在声源内容（音视频标准素材）和最后一个学生之间进行比对；继而再完成回声模仿，即最后一名学生针对先期传下来的内容做必要的回应，并将回应内容有序线性上传，最后在第一个学生和最后一个学生之间进行比对。相似度高、完整性强、理解效果好、传声速度快的为赢家。这种游戏活动应从生活用语模仿到职场用语模仿过渡。

2. 相似度比对 PK 赛

学生以配音演员的身份完成英语语料的模仿性表演，通过男女、老少等角色反串和类似话剧倒口儿[①]等形式，由学生听众猜测配音演员的真实身份。如果条件允许，利用一些自主在线英语学习平台的声音模仿效度曲线比对评测其相似度（TellMeMore 和 LONGMAN 等系统均有此项功能）。

六、英语听力模仿实践实训学生汇报摘录

英语听力模仿实训中我们组（刘倩，王可欣，沈玥）遇到的困难与解决的对策包括：(1)听不懂源音语料。我们觉得主要的原因是我们平时习惯了自己课任的英语老师讲的英语，一旦

① 指使用各种方言进行表演。

换了外国人声音，我们就觉得很难适应，结果是本来很简单的模仿跟读都做不出来，更不用说不同的英语国家人之间的语音语调也不尽相同了，如英式和美式，理论上讲，我们都知道一些差异，由于连读，不完全爆破、音的弱化、重音移动等语言现象而使语句发生变化，引起听力的困难。针对这个情况，我们平时要多训练自己适应去听不同人说英语。(2)在模仿跟读的实训过程中，我们会遇到一些不熟悉的单词，每到这时，我记录下听到的大致读音，试着写写这个单词的音标，跟读完成后查阅资料，确认读音。(3)在实训过程中，我们体会到自身的知识面太窄，主要是中西方文化的差异方面知识欠缺，导致我听不懂、跟不上素材。因此，平时我要多读书，多看报，尤其是与我们专业有关的文章更要多看，还要多注意了解一些英语国家人的生活习惯、文化特色、风俗、爱好、历史、地理等背景知识，以丰富自己的语言信息。(4)以前没有做过模仿跟读，开始也不习惯，觉得源音太快，跟不上。我们发现养成模仿跟读习惯后，跟读就显得越来越轻松了。而且读文章单词的发音更准确了，熟悉了单词的使用，还可以潜移默化地强化了语感。

2011级旅游英语专业第一实训小组，2012年4月10日

吴濛：在我刚开始跟读的过程中，我能很明显地觉得自己有点儿喘不上气，而且语句的连接也不是很顺畅，经常有卡壳的现象，一卡壳就跟不上了，错过了很多后面的内容。一碰上不认识的单词也会有点儿读不上来。为此，我先期阅读了一些关于饶舌的绕口令和专门练习语音、语调的文章。通过训练，我逐渐摸索出了一些规律，比如：有些单词要连读，如“I have a book”经常我们会把“have a ”连读、轻读。此外，有时碰上长句，要注意分意群，不要一口气读下去。同时，有些词是需要重读

的，有时在交流的时候，别人不可能仔细地去听懂你说的每一个单词，那些重要的单词（如动词）就要重读，让别人能轻易地抓住说话的主题。语音语调也是我本次模仿跟读的一个重要组成部分，我仔细地模仿源音的语音和语调，使模仿跟读更为顺畅。通过这次模仿跟读我发现了自己的不足：词汇太贫乏了。源音里一些简单的单词都不认识；这次模仿跟读，还让我感到受益的是中西方文化的融合。

张晓慧：模仿实训中我遇到的具体问题有：(1)遇到生词跟不上源声的步子。例如："The most widespread and numerous residential structures in China is the 'courtyard style'."其中的"widespread and numerous residential structures"这几个词，因为之前没有查单词读音，所以跟读起来总是卡。(2)语音语调辨不准。例如："It is the honorable duty of the citizens to perform military service."从其中的"the citizens to perform military"跟读到"perform"时，我的舌头绕不过来。(3)开头没跟上后边读出来的音就会很古怪，有时还不能完整地读下来。我的具体解决策略是：(1)模仿跟读时精力应集中，在词与词中间停顿的地方仔细辨别，不能执著于听不会的词的发音而忽视其他内容。(2)切忌心浮气躁。(3)先从简单一点的句子入手。

王晗：相比以前的实训，这次的实训非常有特色。上次实训较为注重听、写，而此次更注重听、记、说等能力。模仿跟读要注意力集中，注意口与脑的配合，反应要迅速，发音吐词要清楚，声音要宏亮。与此同时，对记忆力也是个不小的挑战。起初尝试几次都以失败告终，反应速度慢，以至于模仿跟读不到位。而且单词的识辨能力也比较低，不能准确地发音，语速忽快忽慢，不够自然。

刘冬双：英语听力跟读实训锻炼了我们的英语听说能力，帮助我们掌握了实用的旅游专业英语技能。通过这次实训，我扩大了专业词汇量。通过一遍一遍的模仿跟读，发现自己在一些单词的读音中忽略了词与词之间的联系与读法，尤其是有些词与词之间是略读的，比如“to be”的音轻轻带过，而我总是用中国人学英语的模式读，把两个音都读出来，听起来就Chinglish了。

2011级旅游英语专业第四实训小组，2012年4月11日

模仿实训课程虽然只有短短的几周，可第一节课就被给了当头一棒。当初没开这门课的时候就想，模仿嘛，能有什么啊？跟着说谁不会啊？但上第一节课时就被分为五人一组，各组都抽了张光盘，还抽顺序。天哪，这阵势是要干什么啊?！原来我们要分小组完成听力模仿，光盘里有标准素材，包括单词、句子、段落等几个部分。

回家听了我们那张光盘里的录音，真的是很有挑战性，主要是我们没有模仿跟读的习惯。为了更好地完成实训，我们小组光开会讨论就不下10次。每次看其他组展示的时候，发现他们都很认真地听光盘里speaker的发音，比对跟读同学的发音，我们也开始关注他们的语音、语调以及语速，学习他们控制声音的大小、粗细、轻重、缓急的方法。他们在跟读的时候我们记录，听完每个组的我们还会认真讨论一番。

终于到我们组模仿展示了，展示前我的心情真是很紧张，我期盼着每个组员能有很好的表现，同时也怕会出现之前组曾出现的糟糕状况。没想到越担心什么就越来什么，跟读的时候还是没能跟上录音，没跟上的时候脑袋里一片短暂的空白，还好及时调整过来了，跟自己说：“你叫‘不紧张’、你叫‘不紧张’……”

我觉得，模仿最重要的是有感情的模仿、有节奏感的模仿。虽然模仿动画片配音的项目还没有开始，可我们已经在准备了，

我们认真揣摩了每一个人物的性格,分析了他们的语言特点,认真在一起进行了很多模仿排练。平时没课的时间就一个人模仿着说。我发现,我不再是简单地跟读了,我还要边说边体会人物的情感世界,甚至想像他说话时的表情。这样的实训还真挺有意思。

事实上,这样的实训是一种全方面的培养。模仿实训能力培养的作用大于讲授知识,其中包含了一些精神方面的要素:合作的精神,奉献的精神,团队的精神,竞争的精神,创新的精神……可这个过程还真是艰苦!

2008 级旅游英语专业张雪(2008151101),2008 年 12 月

进入大学,很多课程与高中时都有很大的区别。虽然学的还是英语,但课程设置和高中时完全不同了,不仅有英语听力、英语口语等课程,还出现了一门以前我从来没听过的课:英语模仿实训。

通过完成英语听力模仿实训任务,我的英语发音有了很大的改善。三年高中下来,没有练过口语的我,一开口就带有很浓重的口音,让人听起来很别扭,很生硬,甚至让我感到无法开口说英语。通过英语听力模仿实训,我的英语语音语调已经有了很大的改善,虽然不能称之为“perfect”,但至少让别人听上去像是在说英语,让别人感觉舒服,我讲英语的胆量也增大了许多。

在英语听力模仿实训开始的时候,我会觉得很痛苦,而且自己也很可笑,尤其是在跟句子和短文的过程中,自己的嘴总是不听话,跟不上录音的内容。那种感觉像是跟着唱一首语速很快的英文歌一样,舌头绕不过来,像是在念咒语而不是在说英语。可在坚持这么做的同时不断交流,我发现它既锻炼我的反应能

力又锻炼我的口语能力。

期末考试前我们领到了一项任务:班内以小组为单位为自选英文动画片配音。这对于我来说确实是一件很有意思的事情。我们组选择了《马达加斯加》。我们五个人就要有人牺牲自己,模仿表演那些很滑稽的、可笑的、霸道的角色。不论是从英语语言上还是动作上,都用心地去模仿。此外,我个人还申请了模仿展示 party 幕后策划一职。我需要走出校园,去剧院门口借鉴别人的节目单,也需要考虑到怎么把模仿展示 party 的舞台布置得更加完美。通过这项工作我切身体会到了“细心是做成一件事情的关键”。我感到能出色地完成这样很具有挑战性的实训任务,我的成就感远远大于考试得 100 分。

我建议老师还可以多增加一些让我们实践的机会,多增加一些英美本土的影音,让同学们模仿,互相评分。我们也可以每节课有一名同学到前面模仿一小段影音。到期末评出最佳模仿选手,增强学生的实践能力和竞争意识。

不知道以后是否还会有模仿实训课,但我希望可以继续上,因为还有一点意犹未尽的感觉,期待可以学到更多的东西,让自己变得更充实。

最后我想对老师说:再多给每个学生一些表现自己的机会,尤其像我们这些郊区的孩子,一直都比较适应笔卷答题,也许这就是所谓的考试型学生吧。我觉得我们的实践能力还有待进一步提高。

2008 级旅游英语专业刘雨婷(2008151102),2008 年 12 月

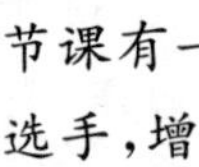

初次接触到这门课程,我完全不了解,也完全不太懂得学习这门课程的用途。但几个星期以后,便有了一些感触与想法,希望通过这次的汇报,与老师和学生们交流。我有以下几点

体验与收获愿与大家分享：

新课程、新体验。

这门课程不仅仅可以在校内课堂上进行，还可以在校外和日常生活中进行。当然，在学校，我们不会有太多的时间看电视，但我们可以听收音机，有一个调频是91.5兆赫，它的节目也是全英文的，这个节目很吸引我，因为它会播放一些英文歌，会激发我的兴趣，使我更想去模仿。

新的考核汇报形式（party）。

我们每个小组选出一部动画片，每个人挑选出一个角色，完成模仿配音。听起来很有趣！最重要的是课程考核以一个party的形式来做，很精彩！远离了那些不实用的，而且非常枯燥的考试。我们知道这样的考核形式其实让我们更辛苦，但我们乐在其中，收获都是我们自己的。

2008级旅游英语专业侯趁（2008151105），2008年12月

我认为，模仿课的首要功能就是纠正我们的语音语调。有人常说中国人说的英语是Chinglish。虽然只是一句玩笑话，但也道出了中国人说的英语与正宗的英音或美音都有着一定的差距，而英语听力模仿实训培养的首要作用就是让我们说出正宗的English。模仿得像标准英语，是首要且必须的。在模仿实训与检测的过程中，我发现我有如下几点问题：

首先，词汇量不足的问题很是严重。有些词不是听完了反应不出来的问题，而是从来根本就没听到过，只能像鹦鹉学舌一样地模糊摸索着对方的发音，不能达到准确的认知与理解。这方面我认为还要加强自身以背代练，多看书和词典，观看电影等。

第二，句子与句子间的转换连接不够协调，不能马上反应出

所听到的内容升降掉，重音拿捏不准确，我只能说因为我没有达到边听边理解的程度，所以并不能准确的判断出一句话的起始或终止。目前解决的方法是通过更多的模仿训练去体会 native speaker 重读弱读和断句的习惯。

第三，我希望能更多地接触外国的文化，了解外国人的发音方式，以看电影或学唱英文歌曲为载体，最终能以自己的方式配出属于我们自己的、可以以假乱真的英文原音电影，从而达到老师提到过的模仿实训三个基本目标。

2008 级旅游英语专业李天群(2008151113)，2008 年 12 月

第二节　英语听力速录实践实训设计

在日常交际中，听占有十分重要的地位。根据美国的一项调查，正常人在醒着的时候，70%的时间用于各种形式的交际活动，其中11%用于写，15%用于读，32%用于说，而至少 42%的时间用于听。讲话本身不能构成交际，除非讲话的内容被另一个人所理解。

口语是瞬间即逝的，听者需要对感知到的语音进行选择，以便把语音信息和非语音信息区别开来。进行语音选择时，听者需要借助记忆中的音位系统，通过综合分析识别出一个个音位组合，然后把这些音位组合与存贮在记忆中的词汇相对照，检索到能与输入的音位组合相匹配的某一词项，通过该词项的音义联系获得词义。

英语听力速录实训是以听写为手段的听力微技能训练，要精确到一篇短文、一段对话、一个句子甚至一个单词。这一过程是自下而上的信息处理过程，包括语音感知、词汇识别、语法分析等环节。在语音感知和词汇识别阶段，听者在获得传递信息时，首先获得的是音，然后大脑快速地在已有图式中寻找与音位相对应的词义。这种

自下而上的听力实训模式基于三个递进过程:(1)通过语音识别来理解单词意义;(2)理解句子的意义;(3)通过对句子意义的理解来把握整个篇章的意义。

这个环节注重基础习惯的培养,即从听英语到写英语的基本听写和听录习惯,改变在听英语的时候只听(动耳)不记(动手)的习惯,协调耳、脑、手的配合。与众不同的是,笔者设计的此项实训选取了特定的知识点,从中国人熟悉和习惯的角度切入,一方面,注重将基础语法知识贯穿于听写和听录实训,主要包括词法(名词、形容词、数词、动词等)和句法(时态语态、非谓语动词、各类从句等),另一方面,有意将基础写作知识(语句、篇章结构方式等)渗透于听写和听录实训,主要包括时空、过程、定义、列举、分类、因果、对比等。

例如,在某一国有企业国际化人才英语培训的过程中,学员们普遍反映:他们非常习惯在听力环境下用嘴说出来,但在真实的工作中与外国人交流的时候有时是需要用手写下来的。可一写就出问题,常常是听懂单词并理解其意义,可就是写不出来,或因拼写错误而混淆了说话人的真实内容。一些文科专业的学员对英文数字速录反应不敏感。

一、英语听力速录实践实训的基本方法

(一)听写模式

听写模式用手工操作。在限定时间内按照顺序听写说话人输出的全部内容,以手工操作(不含泛笔记本式[①]和声音模仿输入式)的方式记录源信息。

---

① 电子产品(非键盘)操作的输入。

1. 词语听写

数字与名词

1st floor	Building No. 1	Room 201	3B West Rd.	Carriage No. 6
Bus No. 7	1490 High Street	5th Ring Road	Line 11	PO. BOX100102

专有名词(地名)

Paris	Madrid	Berlin	Moscow	Cairo
Bombay	Amsterdam	Plymouth	Hong Kong	Thailand

普通名词(职业名称)

a cook	a waitress	a guard	a technician	a clerk
a lawyer	a photographer	a novelist	an engineer	a painter

结构词语(因果关系)

1. because of	2. thanks to	3. due to
4. owing to	5. on account of	6. out of
7. the reason for	8. the cause of	9. give rise to
10. arise from	11. result in	12. owe …to
13. so…that	14. so …as to	15. such …that
16. As a result	17. as a result of	18. the result of
19. the effect of	20. the consequence of	21. have the effect of
22. it follows that	23. now that	24. seeing that
25. for fear that		

连词成句听写(词语辨析)

音频文本

His nationality is English; naturally he may be a native English speaker.

We Chinese are a brave nation; we can solve our national problems ourselves.

The natural world is in danger for pollution does great harm to the nature.

I get the news from the newscaster rather than from the newspaper.

She lives near downtown, and she buys nearly all of her food in a nearby grocery.

The musician tells me that this piece of music is nice and that her voice sounds musical.

Mostly part of this book is by far the most difficult for these middle school students.

It is a moonlit night; under the moonlight everything becomes so beautiful.

Young people usually have good memories; they can memorize things easier and more quickly.

Maybe Mr. Smith is out, for his room is dark. He may be in his lab.

There was something wrong with the machine; a young mechanic fixed it within an hour.

"To lose one's nerve" means to do something nervously or feel nervous at doing something.

his, nationality, be, naturally, he, may, be, a, native, English, speaker

we, Chinese, be, a, brave, nation, we, can, solve, our, national, problems, ourselves

natural, world, be, in, danger, for, pollution, do, great, harms, to, nature

I, get, the, news, from, the, newscaster, rather, than, from, the, newspaper

she, live, near, downtown, and, she, buy, nearly, all, her, food, in, a, nearby, grocery

the, musician, tell, me, that, this, piece, of, music, be, nice, and, her, voice, sound, musical

mostly, part, of, this, book, be, by, far, the, most, difficult, for, these, middle, school, students

it, be, a, moonlit, night; under, the, moonlight, everything, become, so, beautiful

young, people, usually, have, good, memory; they, can, memorize, things, easier, and, more, quickly

maybe, Mr. Smith, be, out, for, his, room, be, dark; he, may, be, in, his, lab

there, be, something, wrong, with, the, machine; a, young, mechanic, fix, it, within, an, hour

to, lose, one ' s, nerve, mean, to, do, something, nervously, or, feel, nervous, at, doing, something

(二)听录模式

听录模式用计算机、手机、PAD多终端以及泛笔记本等操作。在限定时间内按照顺序录入说话人输出全部内容,以计算机操、手机、PAD多终端(含泛笔记本模态、声音模仿输入模态等)作为主的方式记录源信息。

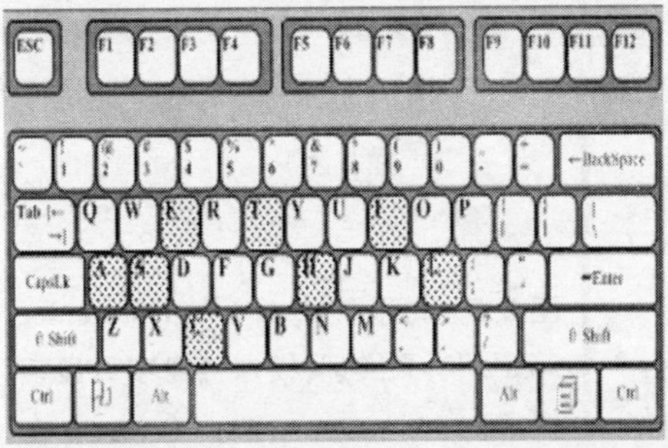

图 2. 2　单词“athletics”听录样例（模拟键盘字母有背景变化提示）

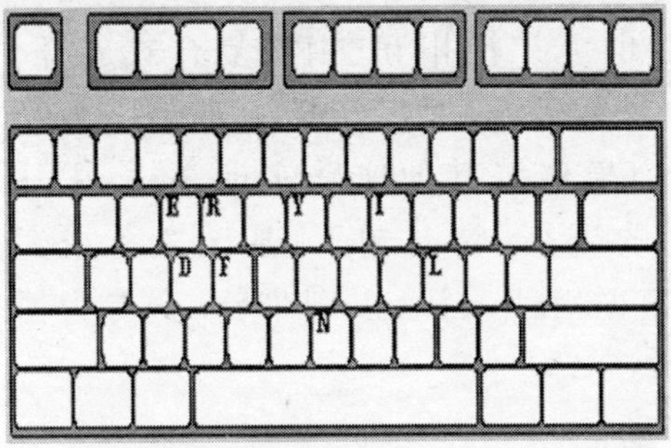

图 2. 3　单词“friendly”听录实训（模拟键盘字母显现提示）

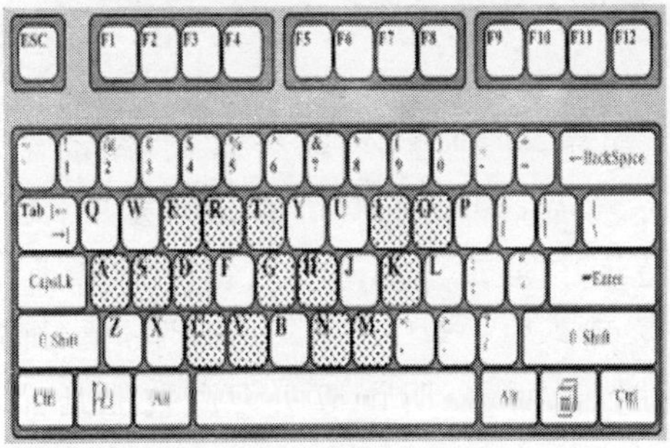

图 2. 4　句子“George Eastman invented the Kodak camera.”听录样例（模拟键盘字母有背景变化提示）

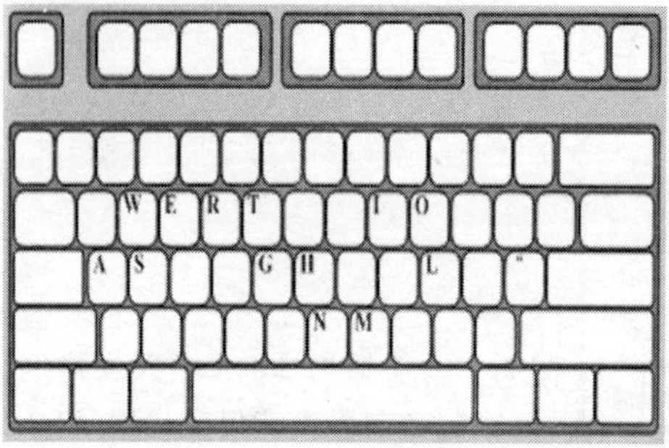

图 2.5　句子“This is a ‘no swimming area’.”听录实训(模拟键盘字母显现提示)

上述训练模块可线性展开，也可并行相互交替、复合式展开。英语听力速录实训应以手工速录为起点，逐步转场到基于听力环境下的非手工速录。与英语听力模仿等其他实践实训一样，先从单词、短语开始，随着英语水平的提高，转向句子，甚至段落或短文。英语听力速录的语料也应遵循由浅入深、以旧带新、变专为博的原则。

(三)游戏竞赛活动设计(案例)

1. 听写听录 PK 挑战赛

变位式(变换姿势)听写听录竞赛，即静态(坐式→立式)和动态(走动中)；非可视(盲式)听写听录竞赛，即蒙住眼睛情况下完成；组合式听写听录竞赛，即小组接力传递中完成。无论形式怎样变化，归根结底，英语听力速录实训的出发点是基于对“听→(写)录”习惯(即边听边写边录)的培养，为后续的听记、听释、听译等听力微技能延伸奠定基础。

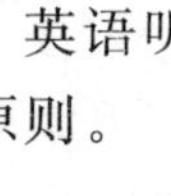

Across:

① a plan or preparation that you make so that something can happen

② to teach a person or an animal the skills for a particular job or activity

③ a belief in your own ability to do things and be successful

Down:

④ to make sb. / sth. beautiful or more beautiful

⑤ to take goods, letters, etc. to the person or people they have been sent to

根据上述音频文本完成填卡游戏。

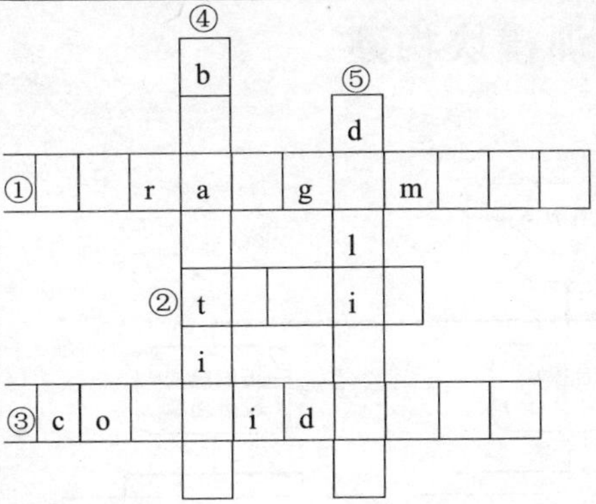

提示：

Across: 1. n. 2. v. 3. n.

Down: 1. v. 2. v.

图 2.6 英语单词意义听写填卡游戏示例

二、影响英语听力速录实践实训的相关因素

(一)设备与场景

手写速录与基于设备的人机速录(计算机、手机、专业速录速记机或其他设备及泛笔记本模态等)、站位与身体姿势(坐式、站式、走动式、盲式、组合式等)、现场与非现场(幕后或是后期速录)等,都会

导致速录者的心态、习惯、方法等发生变化。

(二)视频语料字幕

视频语料全文字幕尤其是静态字幕(会使速录者将听力速录变为阅读速录)。静态提要式视频字幕或动态全文字幕,可以为听力速录过渡到无字幕速录奠定基础。另外,视听语料所配字幕的字号大小、书写格式以及展示位置等,都对英文速录者的注意力产生一定影响。

三、英语听力速录实践实训模块构建

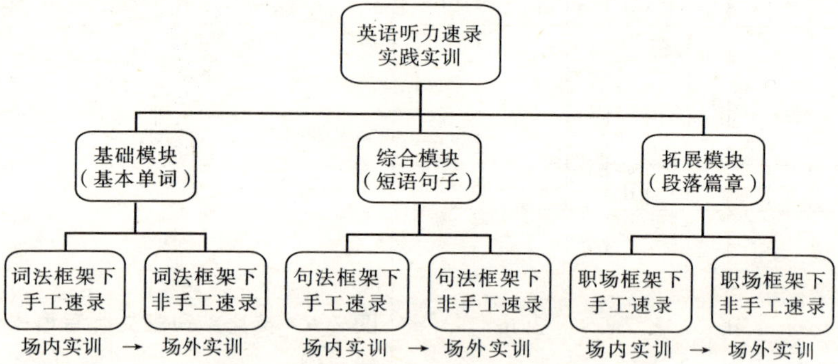

图 2.7　英语听力模仿实践实训体系

表 2.2　英语听力速录实践实训项目一览

一般情景 1	单词速录(词法为主——基础语法知识)
一般情景 2	短语句子速录(句法及语句结构为主——基础语法知识+基础写作知识)
一般情景 3	段落短文速录(语句结构为主——基础写作知识)

（续表）

实训环境	字幕（同步静态）与无字幕
	场外：非现场（非实况）→ 场内：现场（实况）
	手工速录 → 非手工速录
	单一媒体 → 多媒体
	本专业（单一性）→ 跨专业（交互性）→ 跨文化（交际性）……

四、英语听力速录实践实训的评价要素

（一）全面完整

全面完整指单位时间内提交的英文速录成品从量的角度看无任何遗漏。

（二）准确规范

准确规范指单位时间内提交的英文速录成品从质的角度看无误差，包括拼写、语法、格式、体例等方面。

（三）可识辨率

可识辨率主要针对手工速录而言，指手工速录者完成的记录在一定时限内能被其本人以外的人辨识（可读）。

五、英语听力速录实践实训范例

（一）职场工作讲解视听速录

学生选取某一专业主题视频（无英文字幕），在限定时间内（根据实训进度和学生实际水平设定）开展非现场、手写到机打速录训练，尔后将所记录的文本嵌入到源视频内（同步静态）。

Ancient Advanced Underground Drainage System in the Round City

Ladies and gentlemen, good afternoon.

Welcome to Beihai Park. My name is..., a guide of this park. It is really nice to see you again. Today my topic is the Ancient Advanced Underground Drainage System in the Round City. Shall we proceed?

The Round City, also known as the Circular City, is one of the oldest and most beautiful places. The city is surrounded by a 4.6-metre-high circular wall with 276 metres in perimeter and has a distinctive courtyard with halls, pavilions and ancient trees. According to a survey, the ground of the Round City is 4 to 5 metres higher than the surrounding ground, and 5.63 meters higher than the water surface of the lake. Outside the Round City, there are no sluiceways or any drainage pipelines. Maybe you will ask, in hundreds of years, how could possibly these trees have grown up so healthily?

Statistics show there are more than 40 trees in the Round City, 17 of them have a history of over 300 years. Besides, the famous ancient trees, the Sunshade Marquis and the General in White Robe, dated back to 600 years before. For hundreds of years, even during the years of unmanned management, these trees were still exuberant growth of branches and leaves. Of strange phenomena in the Round City lies in the fact that when there is a heavy downpour, flowing water in streets and lanes will form a river, but the ground in the Round City is only damp, there is neither runoff nor an open sluice drain. Well, maybe you will have another question: Where is the rainwater?

An on-the-spot scientific investigation reveals that ancient

Chinese built an entire set of collecting and conserving natural precipitation system under the Round City. For protecting the trees, when the Round City was being constructed, meticulous design was made. The ground of the Round City was paved with greenish bricks. All the bricks are in "T" shape, with wide top and narrow bottom. These greenish bricks are like minicisterns. They've been arranged in an echelon. The triangle gaps between the bricks and the air holes in the bricks allow the rainwater to seep into the ground. The gaps form an advanced underground network through which the natural precipitation all easily seeps into the roots of the ancient trees. After the bricks and underground soil absorb enough water, the remaining water will go down into the underground culverts through 11 stone waterholes. The 80-centimetre-wide and 150-centimetre-high vertical wells nearly surrounding the Round City in a circle are also built of the greenish bricks. When the rainwater gets into the culverts, some will keep in the vertical wells to conserve these roots of ancient trees, while the rest will permeate with the soil outside the vertical wells. In this way, the system can accumulate water in the rainy days and save it for dry season. Besides, it can also increase humidity and temperature of the soil in winter. This is how the underground network system works. It is an amazing civil engineering project dating back to more than 600 years in the Ming Dynasty. All these testify to the fact that the ancient Chinese designed the Round City in a very innovative and meticulous way, and also showed its protection for over 600 years.

Nowadays, the principle of drainage system has been widely used in construction of road and community such as pedestrian walkways and plaza drainages. It can not only take advantage of natural rainfall which is conserved for trees, but also solve the problem of landscape effects and soil erosion.

According to Chinese philosophy, water represents the source of life. So the ancient advanced underground drainage system not only reflects the outstanding wisdom of our ancestors but also has a great effort in utilizing natural rainfall for developing a water-saving city today.

Ladies and gentlemen, that is the end of my description. Thank you for your attention, and wish you have a nice day. ①

实施上述实训时应注意:(1)有序化:拆解序化速录技巧,由手工笔录到计算机(或手机、PAD多终端)录入按规程和时限完成实训过程中的每一个单项技能。程序结构清晰简单可行;(2)可视化:增强学生用速录技能完成任务成品的可视化效果,便于相互交流,丰富鲜活案例资源库。

(二)图示速记文本识别PK游戏

依据所提供的图示文本,在听力环境下于限定时限内猜测音视频语料内容(标题、题材体裁、主旨内容、信息顺序等),将图示文本模式转换为非图示速录文本模式。全面完整且准确规范的为赢家。

There are many holidays and festivals during the year in China. They can be roughly divided into two categories, official and traditional.

Official Chinese holidays include New Year's Day on January 1, International Women's Day on March 8, Tree-Planting Day on

① 第二届北京市职工职业技能大赛公园讲解员比赛北海公园参赛选手导游词,2011年11月。

March 12, International Labor Day on May 1, Youth Day on May 4, Children's Day on June 1, The CCP's Birthday on July 1, Army's Day on August 1, Teacher's Day on September 10, National Day on October 1, and so on.

However, the traditional Chinese holidays follow a unique lunar calendar. The biggest and most celebrated traditional holiday is Spring Festival, also called the Chinese New Year, which falls on the 1st of the 1st lunar month. It is the start of a new lunar year and a time for family reunion. Lantern Festival, which is on the 15th of the 1st lunar month, features lantern exhibits, lion and dragon dances, and eating tangyuan. Qing Ming is a day dedicated to the dear departed, so tidying up ancestors' tombs is its major activity. Dragon Boat Festival is on the 5th of the fifth lunar month, on which day people eat zongzi, a kind of bamboo-leave wraped rice dumpling, and take part in the dragon boat contest. Among all the Chinese traditional festivals, Mid-Autumn Festival on the 15th of the eighth lunar month is second to the Chinese New Year in significance. The moon is at its fullest on this day. The whole family will get together to enjoy the beautiful moon while feasting on delicious food, fruits and moon-cakes.

根据以上音视频文本完成语篇笔记卡。

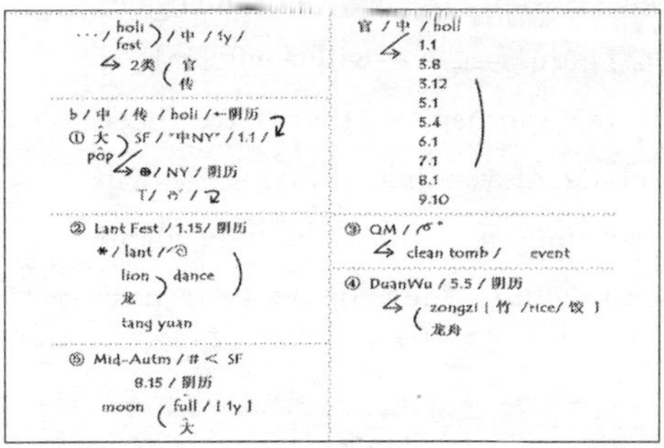

图 2.8　语篇笔记卡示例

In today's lecture, we'll cover a number of topics. We will start by talking about research methods. There are a number of ways that researchers have investigated children's language and these include the use of diaries, recordings and tests, and we'll be looking at how researchers make use of these various methods. We will then go on to examine the language learning process, starting with the development of speech in young infants during the first year of life. This is the time associated with the emergence of the skills of speech perception, in other words, an emergence of the child's awareness of his or her own ability to speak. We will continue with our examination of the language learning process, this time by looking at language learning in the older child, that is, in children under five. As they mature, it is possible to begin analysis in conventional linguistic terms, and so in our analysis we will look at phonological, grammatical and semantic development in pre-school children.

In the second part of the talk I would like to review some educational approaches to the question of how linguistic skills can be developed. In other words, how can we assist the young child to learn language skills at school? Initially we will look at issues that arise in relation to spoken language; we will then look at reading and review a number of approaches that have been proposed in relation to the teaching of reading. Finally we will conclude today's talk with an account of current thinking about the most neglected area of all, the child's developing awareness of written language.

Ⅰ. Discussion of Research Methods

(1) ***diaries***

(2) ***recordings***

(3) ***tests***

A. Language Learning Process: speeches in

(1) ***infants under one year***

child becomes aware of own language

(2) ***children under five years***

linguistic analysis becomes possible

B. Analysis on Pre-school Children's

(1) ***phonological***

(2) ***grammatical***

Ⅱ. Educational Approaches to Development of Linguistic Skills: teaching

(1) ***speaking***

(2) ***reading***

(3) ***writing***

六、英语听力速录实践实训学生汇报摘录

英语听力速录实训帮助我提高了用电脑速录英语的能力。以前主要是在电脑上录入汉字。用电脑专门录入英语的机会真的很少，更别提速录了。此外，在学习英语上我比以前更细心了。刚开始用电脑操练英语录入时，常会发生在单词或句子下面出现波浪线的情况，通过实训我发现，原来是出现了单词拼写错误或是语法错误或是标点错误。我现在对英语学习中的细节都很小心，养成了认真地进行检查订正的习惯。

2006 级经理助理专业陈杰，2008 年 1 月

在第一节英语速记课上，老师发给每位同学一份英语速记教学日历，上面介绍了上课周次及与之相关的实训项目安排。除此之外还配发一份课堂记录单，这个记录单是要求学生用来记录同学们自己的实训内容和感受的。通过这个记录，能够让我们回忆课程的主要内容。速录速记可谓无处不在。转眼间，这门选修课程即将结束，现在浏览一下英语速记教学日历和课堂记录单，我密密麻麻地记录了好多，上面有我的上课感受、实训内容，还有老师说过的一些有趣的话和有趣的游戏安排。总之，看到这些记录，就会让我们想到当时的一些场面。真是历历在目啊。在实训中，老师经常要求我们记录下听写听录词语和句子过程中的感受，并记录下这一过程中遇到的问题，要求是如实的记录.这种实训模式是我从未遇到过的。记录不仅有利于加强同学们对英语的记忆，还可以让我们自主纠正错误，当下次再遇到相类似的问题，能够知道“是什么问题”、“该如何去做”、“怎样做能够做得更好、有更佳的效果”。

2006 级电子商务专业陈晶(2006133219)，2008 年 1 月

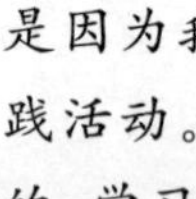

我是一名平面设计专业的学生，以前在英语面前我算是个“门外汉”。但我参加了学院组织的行业英语速录速记比赛，并获得了艺术类专业组一等奖。之所以有兴趣报名参加比赛，是因为我参加了行业英语课程和英语 LOGO 意义比对社会实践活动。英语速录比赛的词语、句子和文章都是我们美术学科的，学习了好多专业词汇，如美术用具、色彩构成，我还逐步认识了 PS 操作的英文界面，很实用。比赛让我增强了自信，越来越觉得用计算机学英语挺有意思的。

2008 级平面设计专业侯宗君，2011 年 12 月

第三节　英语听力速记实践实训设计

自1896年蔡锡勇发表《传音快字》以来，中文速记已有107年的历史了。它作为一种运用简单符号和缩写方法快速记录语言的高效应用技术，广泛应用于文秘、新闻、司法、军事、外事、文艺创作等领域。1994年，中国著名速记学专家唐亚伟教授领导的科研小组，将速记技术由传统的手写符号方式发展为计算机速记方式，并由此而衍生出了代表先进生产力的计算机中文速记师等新职业。

英文速记在国外是一种比较普遍的社会化服务。在美国，从每个城市的抄写所发展到会议服务公司，其市场需求之大、服务项目之专业，使这些公司收入倍增。但国外英文速记方法基本都是针对英语为母语的人群设计的，加上配套的专业速记机和英文速录培训成本等因素，中国人学习起来有一定的难度。

随着中国国际地位的提高，尤其是加入世界贸易组织以来，各行各业都要与世界接轨，纯中文速记已经远远不能满足社会需求了。目前对英文速录速记的需求呈现小领域大需求的态势，已经从各种大型会议、庭审记录、新闻网络直播等领域需求，拓展到比较典型的具体工作岗位，包括跨国公司的双语文秘、海关报关录单员、旅游证照录入员、通过互联网协作的跨地域文字录入员，等等。社会及越来越多的行业需求和人员不足的矛盾愈加突出，尤其是对复合型英文速录速记“金领人才”的培养有较大的空缺。

笔者涉猎的英语速记不是上述传统意义上的速记法(shorthand，即系统而完整的编码)，而是一种富有创造性、想像力、符合语言表达规律的英语速记法，它具有开放性、国际性和全民性，其主体模块为基础语言知识阶段英语速记(听记、听释)、行业学科基础知识阶段英语速记（听记、听释）和职业岗位工作情景阶段英语速记（听记、听释），其线性核心技能包括问答式速记、提纲式速记、摘要式（归纳式）速记、图示图表式速记等。

一方面，英语听力速记实践实训有助于受训者逐步改变在听英语的时候只听（动耳）不记（动手）的习惯，协调耳、脑、手的配合。职业院校的英语教师应该最清楚，一些学生认为上听力课就是做题，离开了听力试题他们自己就不知道该做什么了。笔者引入听力速记实践实训模块，帮助学生养成用英语记笔记的基本习惯，记笔记还能使学生的注意力更加集中，提高学习效果。

另一方面，英语听力速记实践实训能帮助受训者熟悉和掌握运用英语速记信息的各种技巧，逐步克服只注意听单词（尤其是陌生词）而忽略信息理解、只强调听单词而忽略结构逻辑、只热衷译单词而忽略英语思维等不良听力习惯。

例如，在某一国有企业国际化人才英语培训的过程中，学员们普遍反映：他们非常习惯听力环境下的试题笔答，包括正误判断、信息选择、信息匹配、原词填空等。但是，在真实的工作中与外国人交流的时候没有现成的试题，完全要靠自己动笔记录，往往是听明白了却记不下来，有时会用录音笔把全文整理出来。如果上司要求把交流的内容整理出来写个报告，他们就会感到非常吃力，影响工作。笔者引入听力速记实践实训模块，帮助学员了解和掌握了应该记录什么、该怎么记录等基本方法。

一、英语听力速记实践实训的基本方法

（一）问答式听力速记模式

按说话人输出信息顺序以问与答（Q & A）的形式简要记录源信息，重点是获取信息关键词，完成速记。

图 2.9　问答式笔记源信息示例

速记的问答式笔记

Q: What to do, hotel catch fire?

A:

① Stay calm

② Help evacuate

③ Instruct tourists, self-rescue

④ Shout, get help and noticed.

⑤ Minimize trouble

⑥ Solve remaining problems,

⑦ Write report.

(二)提纲式听力速记模式

按说话人输出信息顺序完成速记，以提纲形式排列主次信息，包括信息关键词、结构信号词、层级体例要求。

Tourism consists of many different types of journeys. In the following I shall discuss some definitions and classifications of tourism. Basically, tourism is a movement in space from a person's home district to one or more destinations and then back again.

What is important in the definition is the idea that a tourist is away from home for a certain period of time, between 24 hours and 365 days. That is to say, the minimum time is one day and the maximum time is one year.

A distance criterion is also specified. For example, Statistiska Centralbyran believes that farther than 100 km from one's home is a criterion for tourism.

The definitions of tourism include many other criteria, for instance that the absence from home is voluntary and that the money spent at the destination has not been earned there. Apart from these, there is often a classification of the aims and motives for the journey.

In a broader sense, tourism falls into two categories, domestic tourism and international tourism.

The definition formulated by World Tourism Organization (WTO) for domestic tourism is one of the most commonly used for operational purposes and contains many of the above criteria. It is as follows: "a traveler visits a destination in his country of residence for at least 24 hours but less than one year for the purpose of recreation, holidays, sport, business, meetings, conventions, study, visiting friends or relatives, health, mission work, or religion."

As for the definition of international tourism, it is similar to that of domestic tourism. It is defined as follows: "a traveler visits a destination outside the country of his residence for at least 24 hours but less than one year for the purpose of recreation, holidays, sport, business, meetings, conventions, study, visiting friends or relatives, health, mission work, or religion."

根据以上音视频文本完成提纲式速记：

Ⅰ. Definition of Tourism

A. a movement in space

B. from a person's home district to one or more destinations

C. then back again

Ⅱ. Criterions of Tourism

A. time

a. minimum time: 24 hours

b. maximum time: 365 days

B. distance

Distance specified: travel at least 100km from his home

C. voluntary

D. source of money

Ⅲ. Categories of Tourism

A. Domestic tourism

a. destination: the country of residence

b. period of time: 24 hours to 365 days

c. purposes: recreation, holidays, sport, business, meetings, conventions, study, visiting friends or relatives, health, mission task, or religion

B. International tourism

a. destination: the country of residence

b. period of time: 24 hours to 365 days

c. purposes: recreation, holidays, sport, business, meetings, conventions, study, visiting friends or relatives, health, mission task, or religion

(三)摘要式(归纳式)听力速记模式

根据说话人输出信息以摘要或归纳笔记形式简要转述源信息，完成速记。

How many of you are familiar with the name Jeff Bezos? Okay, how about Amazon. com? Have you heard of that? Well, Amazon. com is the world's first and largest Internet bookstore, and Jeff Bezos is the man who started Amazon. com back in 1995. Five years later, Amazon. com was serving millions of customers in 120 different countries. Amazing, right? And this is the reason why in 1999 Jeff Bezos was selected as Times Magazine's Person of the Year. A very great honor.

Now, Jeff Bezos is actually not the topic of my lecture today. But he is a perfect example of my topic, which is "entrepreneurs". That's entrepreneurs, spelled E-N-T-R-E-P-R-E-N-E-U-R-S. It's a French word, meaning a person who starts a completely new business or industry — someone who does something no one else has done before or who does it in a completely new way, like Jeff Bezos who started the very first Internet bookstore. Entrepreneurs like Jeff Bezos are very highly respected in American society and I think in many other countries, too. So in today's lecture I want to talk about three things. First, the characteristics of entrepreneurs. I mean, what kind of people they are. Second, the kind of background they come from. And third, the entrepreneurial process—that is the steps entrepreneurs follow when they create a new business.

Okay, let's begin by looking at the characteristics or the qualities of entrepreneurs. There are two qualities that I think all entrepreneurs have in common. First, entrepreneurs have vision. I mean that they have an ability to see opportunities that other people simply do not see. Let's look again at the example of Jeff Bezos. One day in 1994, he was surfing the Internet when suddenly he had a brilliant idea. Why not use the Internet to sell products? Remember at that time, no one was using Internet in that way. After doing some research, Bezos decided the product he wanted to sell was books. That's how Amazon. com got its start.

The other quality that I think all entrepreneurs possess is that they are not afraid to take risks. I mean they are not afraid to fail. As an example, let me tell you about Fred Smith, who founded Federal Express, the company that delivers packages anywhere in United States overnight. Smith first suggested the idea for his company in a college term paper. Do you know what grade he got on it? A "C", but this didn't stop him, and today his company is worth more than 2 billion dollars, and employs more than 25,000 people.

OK, we have just seen that all entrepreneurs have at least two important qualities in common. But now let's take a look at their backgrounds. And here we will find lots of differences. First of all, some entrepreneurs are well educated, like Jess Bezos who graduated from Princeton University, but others, like Bill Gates, the founder of Microsoft Corporation never even finished college. Next, some entrepreneurs come from rich families like Fred Smith, the founder of Federal Express. In contrast, other entrepreneurs come from poor families. You may be interested to know, in addition, that many entrepreneurs are immigrants or the children of immigrants. A great example is Andrew Grove, the former Chairman of the Intel computer company who was born in Hungary and came to America as a refugee after World War Two.

OK, the third difference is that although many entrepreneurs started their careers at a young age, lots of others don't get their start until age 40 or later. And finally, I think it is important to remind you that entrepreneurs are not always men. A famous woman entrepreneur, for example is Debbi Fields who founded Mrs. Field Cookie Company. You can find her shops in malls all over North America and Asia. So, to conclude this section, you can see that entrepreneurs come from many different backgrounds.

I want to move on now and take a look at entrepreneurial process. There are six basic steps that most entrepreneurs follow when they start their business. In the first step, they identify a problem, in other words they see a need or a problem that no one else sees. Then in the second step, they think of a solution what needs to do to solve the problem or meet the need. I think we have already seen several examples today of people who saw a need or an opportunity and then came up with a creative solution to the problem. Step three is to prepare a business plan. A business plan means looking at things like equipments, location, financing, marketing and so on. There are thousands of details to think about when you start a new business. As a result, this stage can take a month or even years. The next step, the fourth step is putting together an entrepreneurial team, in other words, hiring the right people to work with entrepreneur in the new business. After that, the fifth step is something called test marketing. This involves making and selling a small amount of product or service. And if customers like the product or service, then finally entrepreneurs go to the sixth step which is raising capital. Now in this case, capital does not mean a city, it means money. It is another word for money. The entrepreneur has to raise a lot of money in order to produce and sell the product or service in large quantities.

I want to say in conclusion that entrepreneurs like Jeff Bezos are among the most respected people in the United States. They are cultural heroes like movie stars or sports heroes. Why? Because starting with the dream and working very hard, these people created companies that solved serious and important problems. They provided jobs for millions of people and in general their companies made life easier and more pleasant for all of us. If you ever order a book from Amazon. com or eat Mrs. Fields cookie, say thanks to the remarkable people who created these companies①

根据以上音视频文本完成摘要式速记：

Entrepreneurs are a group of people who start a new business or industry. On one hand, entrepreneurs share two most common characteristics: have vision and are not afraid of taking risks. On the other hand, entrepreneurs have different

① Judith Tanka, Lida R. Baker,《美语路路通(听说通)》(第2册),辽宁教育出版社,2004年,第3单元。

background, involving education, families, gender and age. However, entrepreneurs starting their business generally follow the process: identify a problem; think of a solution; prepare a business plan; put together an entrepreneur team; test marketing and raise capital. So, in a sense, entrepreneurs should be regarded as cultural heroes. They start with dreams. Through hard-working they solve the problems of our society, create millions of jobs, and make our life easier and more convenient.

(四)图示图表式听力速记模式

按说话人输出信息顺序以图示或图表形式编排诠释性、可识辨的信息(含缩写、数字、各类符号等)完成速记。示例如下:

Check In

If you take the articles that need be declared to customs, please fill out China Customs Declaration Form for Baggage of Incoming / Outgoing Passengers. You should go through declaration procedures at the Customs Declaration Counter (between Check-in Area D and E).

Please bring your air-ticket and valid ID card to the check-in counter, register your baggage and take your boarding pass.

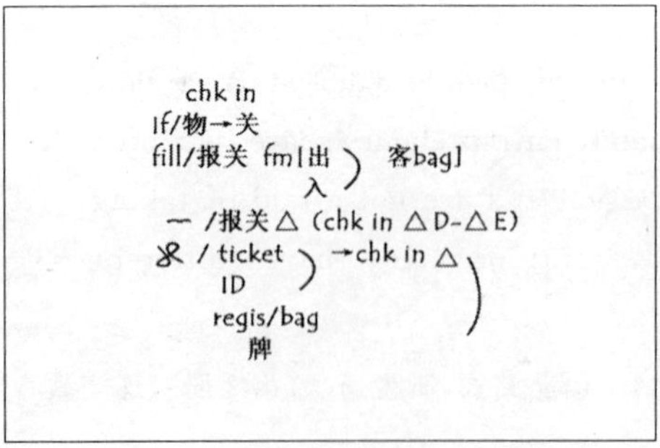

图 2.10 报关速记卡示例

Customs Inspections

If you take accompanied articles that must be declared to the customs, you should complete China Customs Declaration Form for Baggage of Incoming / Outgoing Passengers and choose the "GOODS TO DECLARE" Channel (also known as the Red Channel) otherwise it is unnecessary for you to complete such a form, but just follow the "NOTHING TO DECLARE" Channel (also known as the Green Channel).

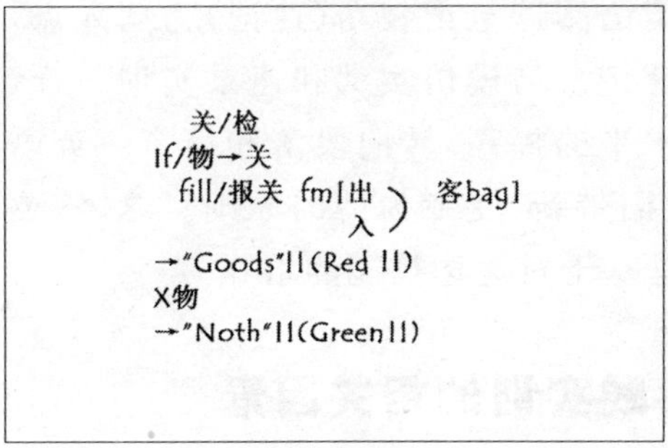

图 2.11　验关速记卡示例

Waiting & Boarding

After security check, you can go to the gate indicated on the boarding pass to have a rest and wait for boarding. Generally, boarding starts at least 30 minutes before a flight takes off. Please pay attention to broadcasting and flight information display. Passengers are required to show a boarding pass.

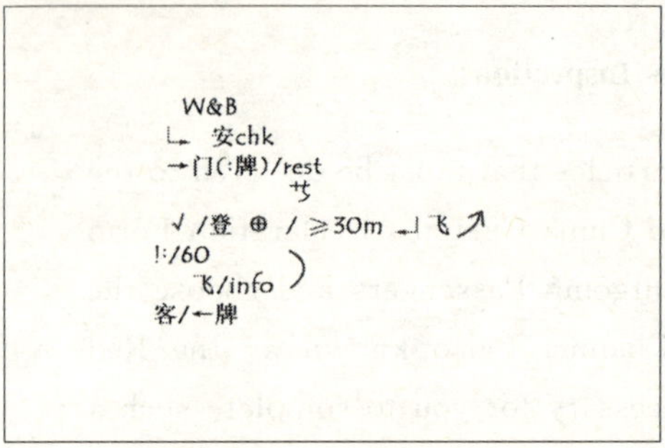

图 2.12　登机速记卡示例

上述训练模块以线性形式展开为主,也可并行相互交替、复合式展开。英语速记实践实训可以英语阅读笔记技巧(速记)为切入点,逐步转场到基于听力环境下的速记。与模仿实训和速录实训一样,先从语句、对话开始,随着英语水平的提高,转向段落和篇章。英语速记的语料应遵循由浅入深、以旧带新、变专为博的原则。总之,英语听力速记实践实训的落脚点是基于对速记技能的培养。

二、影响英语听力速记实践实训的相关因素

(一)设备与场景

手写速记与基于设备(计算机、手机、PAD 多终端、专业速录速记机或其他设备等)的人机速记、现场与非现场(幕后或是后期速记)等因素,会导致速记者的心态、习惯、方法等发生变化。

(二)图示图表解读技巧

速记者对完成速记笔记所需的图式图表解读技巧掌握的熟练程度,如英语缩写法(含数字法)、图示符号法、汉式处理法等,直接影响速记笔记形成的速度和可识率。

三、英语听力速记实践实训模块构建

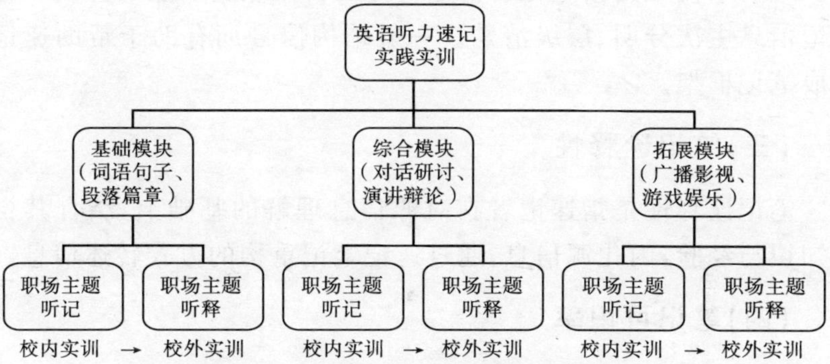

图 2.13　英语听力速记实践实训体系

表 2.3　英语听力速记实践实训项目一览

工作情景 1	电话听记听释
工作情景 2	对话听记听释
工作情景 3	讨论（研讨会）听记听释
工作情景 4	演讲（报告、讲座）听记听释
工作情景 5	广播（影视）听记听释
实训环境	非现场（非实况）→ 现场（实况）
	手记 → 机打
	单一媒体 → 多媒体
	本专业（单一性）→ 跨专业（交互性）→ 跨文化（交际性）……

四、英语听力速记实践实训的评价要素

（一）信息完整性

信息完整性侧重在捕捉到的信息的量和质。英语听力的主要目的是获取信息。获取的信息越多，越有益于信息的速记、诠释与整理

的准确性。速记信息关键词的量能一定程度上反映其信息完整性。

(二)逻辑结构性

逻辑结构性是指速记者构建笔记的框架结构。主要体现在速记笔记信息主次分明、层级清楚。一般结构信号词有助于帮助速记者形成笔记框架。

(三)笔记诠释性

笔记诠释性是指速记者在对源信息理解的基础上,结合其自己的知识与经验,内化源信息,通过速记笔记重构的方式转述信息。

(四)笔记可识率

笔记可识率分个性化可识率和通识化可识率。前者针对个人而言。速记者所形成的速记笔记在一定时限内首先应能被其本人识辨(可读),并体现其本人的个性特征。后者针对除速记者之外的人而言,速记者所形成的速记笔记在一定时限内能被其本人以外的人辨识(可读),并体现学科领域的特征。

五、英语听力速记实践实训范例

(一)职场主题讲座速记

学生选取某一专业主题讲座视频(无英文字幕),在限定时间内(可根据实训进度和学生实际水平设定)开展现场或非现场、手写或机打图示速记训练,尔后参照所形成的图示笔记模仿性完成主题讲座陈述(现场录像)。

Ladies and gentlemen,

Time goes by so quickly and your current visit to China is drawing to a close. Tomorrow morning you will be leaving this country and going back to America. Before we part, I would like to say a few words. Fifteen days flew like an arrow and during your stay in China, we have visited several cities here. We started our tour in Beijing, the capital city of the People's Republic of China, and we stayed in this ancient and modern city for 4 exciting days. After finishing the scheduled sightseeing programs in Beijing, we flew to Xi'an, the paradise of archeologists both at home and abroad. Two days later, we arrived in Chengdu, which is the capital city of Sichuan Province. You must have a very deep impression of the spicy hot-pot there. After staying for another 3 days, we shifted to Kunming of Yunnan Province. It is a charming place because spring hovers all the year round and flowers of all sorts bloom in a riot of colors. Then we flew to Guilin which claims to be "second to none" in scenery. The Li River cruise was superb. Finally, we came to Shanghai, the host city of the World Expo in 2010. Fifteen days was rather short. During the trip, everyone in the group has been very cooperative, friendly, understanding and punctual. We appreciate that very much and we will cherish the friendship between us. We are looking forward to your next visit to China.

根据以上音视频文本完成的语篇听力卡：

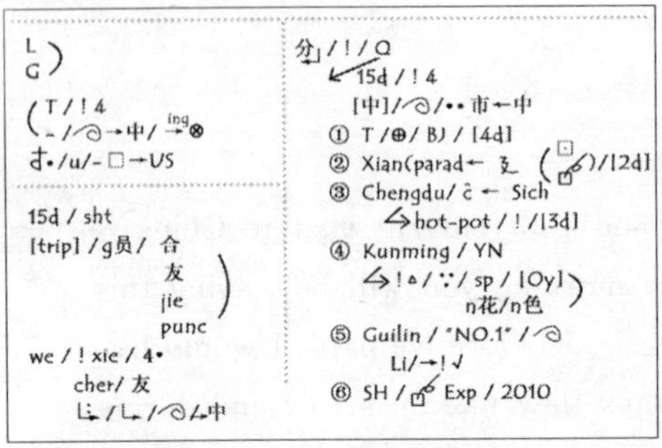

图 2.14　语篇听力卡示例

实施听力速记实训时应注意：(1)有序化：拆解序化速记技巧，如英语缩写法(含数字法)、图示符号法、汉式处理法，按规程和时限完成实训过程中的每一个单项技能，程序结构清晰简单可行；(2)可视化：增加模仿性图示展示，跟随视听语料输出信息编辑动态进行展示，增强学生用速记技能完成任务成品的可视化效果。

(二)游戏竞赛活动设计

1. 速记图示信息识辨 PK

将速记某一形式的成品切分，学生选取其中之一，在限定时间内(可根据实训进度和学生实际水平设定)开展现场或非现场、手写或机打视听环境下信息补足训练，尔后根据补足信息完成切分内容的重新拼合。最短时限内拼合完整为赢家。

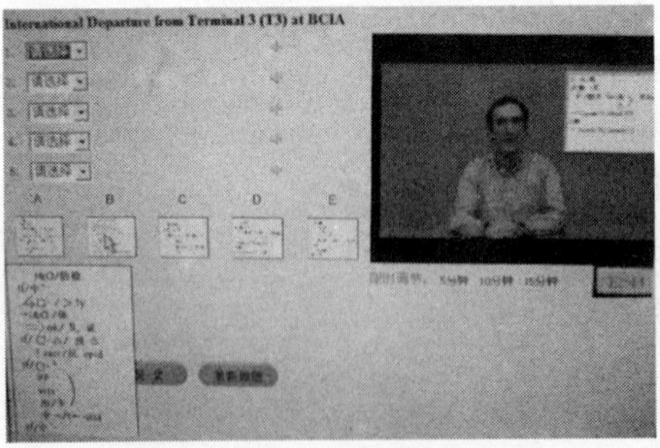

图 2.15　图卡识记信息排序

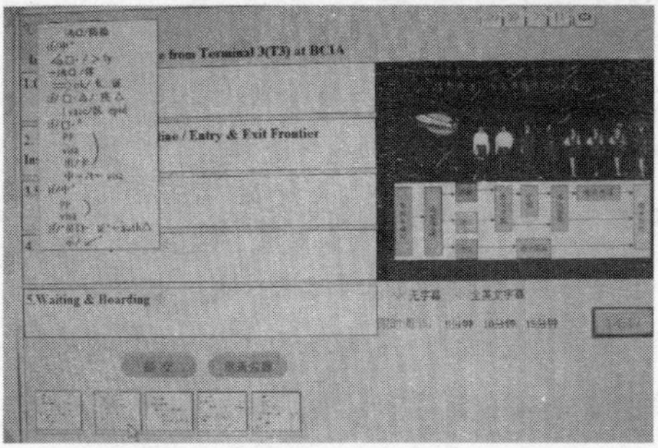

图 2.16　视听信息图卡匹配

2. 图示速记可识率 PK 游戏

依据图示文本，在听力环境下于限定时限内猜测音视频语料内容（标题、题材体裁、主旨内容、信息顺序等），并将图示文本模式转换为非图示速记笔记文本模式（摘要、提纲、问答等），最后，比对非图示速记笔记。信息完整、逻辑结构性强、笔记诠释效果好、可识率高的为赢家。

六、英语听力速记实践实训学生汇报摘录

我选取的英语音频语料的标题是“Dongting Lake”，选择实训的模式是听力速录与听力速记。听之前，我借助网络工具了解到关于洞庭湖的背景、文化等方面的知识，因为我认为，这对我完成英语听力速记笔记有很大帮助，也是很关键的。接下来就是完成听力速录和听力速记（提纲式和摘要式）了。从写作的角度上讲，提纲应在写文章之前进行，但这次听力笔记不同于写作，它建立在听力的基础上，要求我们必须在理解全文之后来进行归纳和总结。我想，这是从另一个角度考查和锻炼我们的听力理解与概括能力，督促我们养成记笔记的良好习惯与会记笔记的能力。

2008 级旅游英语专业奚宝俊（2008151128），2010 年 5 月

我听的文章是中国黄山的简介，它是一篇对话。按照项目的要求，我应根据所听音频完成英文二级以上的提纲式速记笔记。我想，如果对话听明白了，笔记也就能分出层次。不过，在听的过程中我发现，完成二级以上提纲还是有一定的难度，在理解对话的基础上我先得把对话形式转换为叙述的方式，然后再做笔记分层。速记笔记最终形成，还需要我加强对对话中细节信息关键词的识别，分析信号词之间的逻辑关系。

2008级旅游英语专业王晓童(2008151119)，2010年5月

通过这学期的英语速记实训，我的英语速记水平有了一定的提高，也学到了一些图示速记的方法，具体如下：

用标志性的字母代替较长的单词。用这种方法记比较长的单词、常见的单词及专有名词(人名、地名、国名、组织机构名称等)最好。如："UN"代表"the United Nations"；"GB"代表"Great Britain"；M代表"mountain"；"tele"代表"telephone"等。

用核心成分代替句子 。即用句子当中的核心成分代替整个句子，省去其他起语法功能的连词、冠词、介词等虚词；用数字代替它们的英语表达法。如："In Britain anyone who is physically and mentally fit and over the age of seventeen can apply for a driving license." 可以速记为："Br. any physi ment fit age17app driv lice."这些核心成分就为整理内容提供了充分的依据。

用符号表示信息 。如用"←""↑""→""↓"等符号表示不同的方向，用"＜"表示"less than"，用"＝"表示"be equal to"，用"＞"表示"more than"，用"(　)"表示"include"。这样，既可以节省时间，又可以利用图形符号的直观性恢复省略掉的信息。

2007旅游英语专业王东(2007151124)，2009年5月

第四节　英语视听写作实践实训设计

写作是另一种言语生成的过程，所依托的媒体是书写符号，与口语表达方式相比，它缺少了用音调、表情、手势等协助表达的辅助手段。因此，写作方式和言语表达要更加符合规范要求，更应逻辑严密、条理清楚。

从心理机制来看，写作一般经过形成思想（信息）、信息规则编码、生成语句和语段这三个基本阶段。所以，英语视听写作实践实训的重点是提高学生的思维能力、语言组织能力和表达能力。

传统模仿多以阅读范例和背记范文起步。与传统的模仿写作切入点不同，英语视听写作实践实训由视听模仿学习（如听写、听记、听释）入手，创建了多模态模仿写作的实践实训模式；此外，增设了口头转述写作范例（如跟读模仿）和口头再现写作成品的检测和交流环节，切实提高实践实训效果。

写作能力培养首先从单项语言形式的基本训练开始，如字母书写、单词拼写、语句结构、段落衔接、连贯表达、标点符号等。这些单项形式的实训不是简单地扩大化，而是复合式展开；在此基础上，拓展信息改写或缩写（如提纲、摘要、关键词句等）、职场仿写等。

英语视听写作实践实训是在多模态下进行的，所以在明确写作基本要求（如字数、体裁和上交日期等）之外，上交写作成果的形式和规范（动态或静态的视频字幕方式、现场或非现场的口头再现方式等）是一定要明确的。

一、英语视听写作实践实训的基本方法

(一)词句写作

在标准文本式英语视听环境中,开展模仿性选词造句的写作活动。突出词句应用有效性的实操技能实训,具体包括词义(meanings of words),细节词(specific words),短语(idiomatic phrases),搭配(collocations),句型(sentence patterns),完整性(sentence unity),连贯性(sentence coherence)等。

①cheerful ②quiet ③friendly ④reliable ⑤aggressive

根据以上音频文本填写单词(Column A)并依此调整相关意义顺序(Column B):

Column A	Column B
①cheerful	A. will stand by you if you are in trouble
②	B. is usually happy
③	C. enjoys the company of other people
④	D. likes fighting with people
⑤	E. doesn't talk too much
⑥	F. buys you expensive presents

参考答案	
①cheerful	B. is usually happy
②quiet	E. doesn't talk too much
③friendly	C. enjoys the company of other people
④reliable	A. will stand by you if you are in trouble
⑤aggressive	D. likes fighting with people

①ignore　②survive　③refuse (responsibility)　④reject　⑤accuse

根据以上音频文本填写单词(Column A)并依此调整相关意义顺序(Column B)：

Column A	Column B
①ignore	A. keep your head above water
②	B. turn a blind eye over something
③	C. vote with your feet
④	D. wash your hands of something
⑤	E. point the finger at someone

参考答案	
①ignore	B. turn a blind eye over something
②survive	A. keep one's head above water
③refuse (responsibility)	D. wash one's hands of something
④reject	C. vote with one's feet
⑤accuse	E. point the finger at someone

① *George Eastman invented the Kodak camera.*

② My parents didn't let me go on holiday with John last year.

③ This is a "no swimming area."

④ Jack wears smarter clothes now for he has a girlfriend.

⑤ I will live in a flat by myself.

根据以上音频文本听写句子(Column A)并依此调整相关同义句顺序(Column B)：

Column A	Column B
① George Eastman invented the Kodak camera.	A. You are not permitted to swimming in this area.
②	B. The Kodak camera was invented by George Eastman.
③	C. Jack dressed less smartly when he didn't have a girlfriend.
④	D. I wasn't allowed to go on holiday with John last year.
⑤	E. I'm living at home until I find my own flat.

参考答案	
① George Eastman invented the Kodak camera.	B. The Kodak camera was invented by George Eastman.
②My parents didn't let me go on holiday with John last year.	D. I wasn't allowed to go on holiday with John last year.
③This is a "no swimming area."	A. You are not permitted to swimming in this area.
④Jack wears smarter clothes now for he has a girlfriend.	C. Jack dressed less smartly when he didn't have a girlfriend.
5. I will live in a flat by myself.	E. I'm living at home until I find my own flat.

① in case they can be too tight

② whereas British people not

③ what I've just told you

④ now that it's spring

⑤ that they finished it in a few days

根据以上音频文本听写从句(Column A)并依此调整相关主句顺序(Column B):

Column A	Column B
①in case they can be too tight	A. The flowers are all coming out…
②	B. It's always worth trying clothes on before you buy them…
③	C. I'd rather you not to repeat…
④	D. Many Swedish people enjoy Saunas…
⑤	E. So easy was the task…

参考答案	
①in case they can be too tight	B. It's always worth trying clothes on before you buy them,
②whereas British people not	D. Many Swedish people enjoy Saunas,
③what I've just told you	C. I'd rather you not to repeat,
④now that it's spring	A. The flowers are all coming out,
⑤that they finished it in a few days	E. So easy was the task

(二)段落写作

在标准文本式英语视听环境中,开展模仿性组句成段的写作活动。突出段落写作有效性的实操技能实训,具体包括主题句(topic sentence)、完整性(paragraph unity)、连贯性(paragraph coherence)及各类组段手法,如比较(comparison & contrast)、定义(definition)、分类(classification)、因果(cause & effect)、归纳与举例(generalization & example)、时空(time & space)、过程(process)等。

Accounting is a special language of business. The purpose is to provide useful information for different users in order to make their decisions. These users may include owners, managers, creditors, government agencies, customers, labor unions, and competitors. There are three basic accounting elements on the balance sheet: assets, liabilities and owner's equity. The relationship between the three basic accounting elements is expressed in the accounting equation. This accounting equation shows that assets are equal to equities. Equities are divided into liabilities and owner's equity. When any two of the elements are known the third can be calculated, under the business entity principle, the accounting elements are affected by each other. At all times, the accounting equation must be in balance.

根据以上会计专业音视频文本完成段落改写词语填空：

As a special ___1___ of business, the ___2___ of accounting is to provide useful information for different users' in their decision-making. Owners, managers, creditors, government agencies, customers, labor unions, and competitors are the ___3___ involved. Three basic accounting elements on the balance sheet are: assets, liabilities and owner's equity, the ___4___ of which is expressed in the accounting equation. The accounting equation should always be in ___5___. When any two of the elements are known the third can be calculated, under the business entity principle, the accounting elements are affected by each other.

参考答案：

①language ②purpose ③users ④relationship ⑤balance

George: Let's see here. Check number 200. October 25th. Did you write this check?

Martha：$30.21. Oh，yes. That was last Thursday. ABC Market.

George：Okay，so that leaves a balance of $490.31. Next：number 201. Electric bill，$57.82.

So now we have $432.49. Next：October 27th. Time Magazine.

I forgot to enter the amount.

Martha：I remember that. It was $35.00.

George：Okay. So that leaves $397.49. Now what's this $70?

Martha：That was for your sister's birthday present.

根据以上会计专业音视频文本完成对话改写词语填空：

Martha and George were checking the bills they received last month. Check number ____1____，on October 25th says $30.21 for ABC market，and leaves a balance of ____2____. Check number 201. Electric bill amounts to ____3____. So the balance is $432.49. Next：____4____，Time Magazine，which the amount comes to $35.00. So now that leaves ____5____. For their sister's birthday present，they pay $70.

参考答案：

①200　②$490.31　③$57.82　④Oct. 27th　⑤$307.49

① There are of course printers who print the paper and sellers who are directly concerned with the selling and circulation of the paper.

② The person in charge of everything and responsible for the general attitude of the paper is called the editor-in-chief.

③ Those who are collecting news are called reporters.

根据以上传播专业音视频文本完成下列语句组段排序：

Topic Sentence：There are a number of men working on every newspaper.

Supporting Sentence ①：

Supporting Sentence ②：

Supporting Sentence ③：

语句段落排序：(　　)——(　　)——(　　)

参考答案：②－③－①

If you're interested in Northern Ireland, you are no longer dependent on the coverage from your local media. Besides the constant stream of news from Reuters and other wire services, online coverage is provided by TV networks such as CNN, ABC, and MSNBC. Regional newspapers are also available; Irish Times publishes a daily web version, as does the Times of London. Similarly, both the Jerusalem Post and Palestine Times are easy to access as The New York Times, Washington Post, Chicago Tribute, or hundreds of other web papers. Or read magazines such as Times, People, Sports Illustrated, the Village Voice, etc.

根据以上传播专业音视频文本填写段落归纳语句：

News sources on the Web are (　　) and (　　).

参考答案：global; diverse

(三)语篇写作

在标准文本式英语视听环境中，开展模仿性组段成篇的写作活动。突出语篇结构写作有效性的实操技能实训，具体包括语篇基本框架(opening，supporting，ending)、语篇结构用语(unity，coherence，transition)等。

A

I want to say in conclusion that entrepreneurs like Jeff Bezos are among the most respected people in the United States. They are cultural heroes like movie stars or sports heroes. Why? Because starting with the dream and working very hard, these people created companies that solved serious and important problems. They provided jobs for millions of people and in general their companies made life easier and more pleasant for all of us. If you ever order a book from Amazon. com or eat Mrs. Fields cookie, say thanks to the remarkable people who created these companies.

B

Let's begin by looking at the characteristics or the qualities of entrepreneurs. There are two qualities that I think all entrepreneurs have in common. First, entrepreneurs have vision. I mean that they have an ability to see opportunities that other people simply do not see. Let's look again at the example of Jeff Bezos. One day in 1994, he was surfing the Internet when suddenly he had a brilliant idea. Why not use the Internet to sell products? Remember at that time, no one was using Internet in that way. After doing some research, Bezos decided the product he wanted to sell was books. That's how Amazon. com got its start.

C

We have just seen that all entrepreneurs have at least two important qualities in common. But now let's take a look at their backgrounds. And here we will find lots of differences. First of all, some entrepreneurs are well educated, like Jess Bezos who graduated from Princeton University, but others, like Bill Gates, the founder of Microsoft Corporation never even finished college. Next, some entrepreneurs come from rich families like Fred Smith, the founder of Federal Express. In contrast, other entrepreneurs come from poor families. You may be interested to know, in addition, that many entrepreneurs are immigrants or the children of immigrants. A great example is Andrew Grove, the former Chairman of the Intel computer company who was born in Hungary and came to America as a refugee after World War Two.

根据以上电子商务专业音视频文本完成首末段识别：

Opening	Ending

参考答案	
Opening	Ending
B	A

A

I want to move on now and take a look at（隐藏单词 entrepreneurial）process. There are six basic steps that most（隐藏单词 entrepreneurs）follow when they start their business. In the first step, they identify a problem, in other words they see a need or a problem that no one else sees. Then in the second step, they think of a solution what needs to do to solve the problem or meet the need. I think we have already seen several examples today of people who saw a need or an opportunity and then came up with a creative solution to the problem. Step three is to prepare a business plan. A business plan, this means looking at things like equipments, location, financing, marketing and so on. There are thousands of details to think about when you start a new business. As a result, this stage can take a month or even years. The next step, the fourth step is putting together an（隐藏单词 entrepreneurial）team, in other words, hiring the right people to work with（隐藏单词 entrepreneur）in the new business. After that, the fifth step is something called test marketing. That is test marketing. This involves making and selling a small amount of product or service. And if customers like the product or service, then finally（隐藏单词 entrepreneurs）go to the sixth step which is raising capital. Now in this case, capital does not mean a city, it means money. It is another word for money. The（隐藏单词 entrepreneur）has to raise a lot of money in order to produce and sell the product or service in large quantities. ①

B

Although all（隐藏单词 managers）plan, organize, lead and control, not all（隐藏单词 managers）have the same degree of responsibility for thesse activities. It is helpful to classify（隐藏单词 managers）according to levels and areas of responsibility. Generally, there are three basic levels of management: top（隐藏单词 managers）, who are responsible for a firm ' s overall performance and effectiveness, middle（隐藏单词 managers）, who impletement the stratigies and work toward the goals set by

① Judith Tanka, Lida R. Baker,《美语路路通》(听说通)第二级,第3单元,辽宁教育出版社,2004年9月。

top(隐藏单词 managers), and first-line (隐藏单词 managers), who supervise the work of employees. Most firms have more middle (隐藏单词 managers) than top (隐藏单词 managers) and more first-line (隐藏单词 managers) than middle (隐藏单词 managers). Both the power of (隐藏单词 managers) and the complexity of their duties increase as they move up the ladder.

C

All corperations depend on effective management. Whether they run a multibillion dollar business like Google or a small local fashion boutique, (隐藏单词 managers) perform many of the same resposiblities. These include analyzing their competitive environments and planning, organizing, directing, and controlling day-to-day operations of their business. Ultimately, they are also responsible for the performance and effectiveness of the teams, divisions, or companies that they head. ①

D

We have just seen that all (隐藏单词 entrepreneurs) have at least two important qualities in common. But now let's take a look at their backgrounds. And here we will find lots of differences. First of all, some (隐藏单词 entrepreneurs) are well educated, like Jess Bezos who graduated from Princeton University, but others, like Bill Gates, the founder of Microsoft Corporation never even finished college. Next, some (隐藏单词 entrepreneurs) come from rich families like Fred Smith, the founder of Federal Express. In contrast, other (隐藏单词 entrepreneurs) come from poor families. You may be interested to know, in addition, that many (隐藏单词 entrepreneurs) are

① Ronald J. Ebert, Ricky W. Griffin,《商学精要》(第八版),第5单元,中国人民大学出版社,2011年2月。

immigrants or the children of immigrants. A great example is Andrew Grove, the former Chairman of the Intel computer company who was born in Hungary and came to America as a refugee after World War Two. OK, the third difference is that although many (隐藏单词 entrepreneurs) started their careers at a young age, lots of others don't get their start until age 40 or later. And finally, I think it is important to remind you that (隐藏单词 entrepreneurs) are not always men. A famous woman (隐藏单词 entrepreneur), for example is Debbi Fields who founded Mrs. Field Cookie Company. You can find her shops in malls all over North America and Asia. So, to conclude this section, you can see that (隐藏单词 entrepreneurs) come from many different backgrounds. ①

根据以上电子商务专业音视频文本完成语篇识别编组：

Listen and write them down. Then put them in Column A (Managers) and Column B (Entrepreneurs) in the right order accrodingly.			
Managers		Entrpreneurs	
Para 1	Para 2	Para 1	Para 2

参考答案	
Managers	Entrpreneurs
C→B	D→A

(四)求职写作

在标准文本式英语视听环境中(含可视广告、图片图表等),开展模拟求职就业的写作活动。突出求职信(letter of application)、简历

① Judith Tanka, Lida R. Baker,《美语路路通》(听说通)第二级,第3单元,辽宁教育出版社,2004年9月。

(resume)、推荐信(letter of recommendation)、感谢信(letter of thanks)等实操技能的实训。

ANZ Holiday INN

This is a five-star, city-center hotel with about 350 rooms, vast food and beverage outlets and banquet facilities.

Position: Assistant Front Office Manager

Job Description: The Assistant Front Office Manager is responsible for the smooth operation of the Front Office department. He / She will also be the Manager on Duty for the rest of the hotel. All problems must be solved through working together with other colleagues in the hotel. Follow-up is the most important part of the job — he / she is expected to provide supervision and leadership to Front Desk and Guest Service areas.

Qualifications: Knowledge of Word, Excel, etc.

A minimum of one-year previous Front Office supervisory experience.

Excellent written and verbal communication skills.

Must be a strong team work player with good leadership, development and delegating skills.

Diploma in Hotel management is an asset.

Previous international experience essential.

Second or third language is an asset.

Salary: About RMB 3,500 to 3,800 Yuan per month

Linkman: John Smith

Tel: 10-273-8888000

Fax: 10-273-8888001

Key Points	
Employer	ANZ Holiday INN
Position	Assistant Front Office Manager
Resposibilities	Be responsible for the smooth operation of the Front Office department Be the Manager on Duty for the rest of the hotel
Contact	By telephone or fax

根据以上音视频文本完成视听写作速记：

ANZ Holiday INN

This is a five-star, city-center hotel with about 350 rooms, vast food and beverage outlets and banquet facilities.

Position: Assistant Front Office Manager

Job Description: The Assistant Front Office Manager is ______ for the smooth operation of the Front Office department. He / She will also be the ________ for the rest of the hotel. All problems __________ through working together with other colleagues in the hotel. Follow-up is the most important part of the job—he / she is expected to provide to Front Desk and Guest Service areas.

Qualifications: Knowledge of Word, Excel, etc.

A minimum of ________ previous Front Office supervisory experience.

Excellent ________ and ________ communication skills.

Must be a strong ________ with good leadership, development and delegating skills.

Diploma in Hotel management is an asset.

Previous ______ experience essential.

Second or third language is an asset.

Salary: About RMB ______ to ______ Yuan per month

Linkman: John Smith

Tel: 10-273-8888000

Fax: 10-273-8888001

Key Points	
Employer	
Positions	
Resposibilities	
Contact	

(五)职场实践

在标准文本式英语视听环境中(含可视广告、图片图表等),开展模拟职场工作岗位的写作活动。突出描述性或说明性(企业介绍、产品介绍、景点介绍、涉外业务介绍等)实操技能的写作实训。

Traffic Accident Report

Group CF-2008-0228 arrived in our city on Mar. 5th , 2008 and finished a whole day sightseeing on Mar. 6th, 2008 according to the itinerary. Unfortunately a traffic accident happened late in the afternoon on the way back to the hotel. This is a report of the accident for your information.

On the way back from the museum to the hotel at about 5 pm, 20 kms away from the city, a lorry suddenly swerved towards our tour bus when it tried to avoid another coming truck, our driver responded with a sudden brake and fortunately escaped the clash. As a consequence of the sudden stop, two members of the group who did not fasten their seatbelts were thrown off the seats. One got his upper lip hurt and the other got her nose hurt.

They were sent to the nearest hospital immediately with the help of 120 accompanied by the tour leader and me. They went through all the necessary checking and treatment procedures at the hospital. After thorough examinations, the hospital was confident to release them and provided the medical check reports.

We have also got the report from the local police. The report stated clearly that it was the other parties' full responsibility. The two injured members continued the rest of their trip. As compensation, the general manager of the local travel agency sent flowers to each person to their hotel rooms and treated them with a special dinner that night. All the members of the group were very grateful to our driver for his adequate response to the emergency and are satisfied with our timely handling of the matter.

We feel sorry for what had happened and we will see to it that more safety measures strengthened in the future.

Key Points	
Group No.	Group CF-2008-0228
Time	In the afternoon, Mar. 6th, 2008
Description	The tour bus tried to avoid a lorry with a sudden brake; two passengers who didn't fasten the seat belt got hurt: one got his upper lip hurt and the other got her nose hurt.
Solution:	The two injured passengers were sent to the nearest hospital with the help of 120. They were given medical examination and released from the hospital.
Suggestion	The police report says that it was the other parties' full responsibility. In the future, more safety measures should be taken.

根据以上音视频文本完成填空：

Traffic Accident Report

To：Department Officer

From ：Zuo Lan，National Guide，Beijing CITS

Date：March 13，2008

Subject：Traffic Accident Report

Group CF-2008-0228 arrived in our city on Mar. 5th，2008 and finished a whole day sightseeing on Mar. 6th，2008 according to the itinerary. Unfortunately ____________ happened late in the afternoon on the way back to the hotel. This is a report of the accident ____________.

On the way back from the museum to the hotel at about 5 pm，20 kms away from the city，a lorry suddenly swerved towards our tour bus when it tried to ____________，our driver responded with a sudden brake and fortunately escaped the clash. ____________ the sudden stop，two members of the group who did not fasten their seatbelts were thrown off the seats. One got his upper lip hurt and the other ____________. They were sent to the nearest hospital immeadiately with the help of 120 accompanied by the tour leader and me. They went through all the necessary ____________ at the hospital. After thorough examinations，the hospital was confident to release them and provided the medical check reports.

We have also got the report from the ____________. The report stated clearly that it was the other parties' full responsibility. The two injured members continued the rest of their trip. As compensation，____________ of the local travel agency sent flowers to each person to their hotel rooms and treated them with a special dinner that night. All the members of the group were very grateful to our driver ____________ to the emergency and are satisfied with our timely handling of the matter.

We feel sorry for what had happened and we will see to it that more safety measures strengthened in the future.

Key Points	
Group No.	
Time	
Description	
Solution	
Suggestion	

二、影响英语视听写作实践实训的相关因素

(一)从视听范例到模仿写作的习惯转变

视听引领下的写作实训，是把阅读范文、默背范文、抄写范文等无声状态转变为视听范文、跟读范文、背诵范文等有声状态，在完成范文听写的前提下进入模仿写作环节。前期的听写、听记、听释水平对视听写作实训有一定影响。

(二)视听语料字幕

视频语料全文字幕(尤其是动态字幕)的阅读理解速度、基于视听瞬间即逝这一特点的范文意义构建和理解诠释效果，对后续写作具有一定的挑战性。

(三)思维模式、语言组织与表达习惯

汉语和英语的写作在思维模式、语言组织、表达习惯等方面的差异，会对视听写作实训进程和效果产生影响。

三、英语视听写作实践实训模块构建

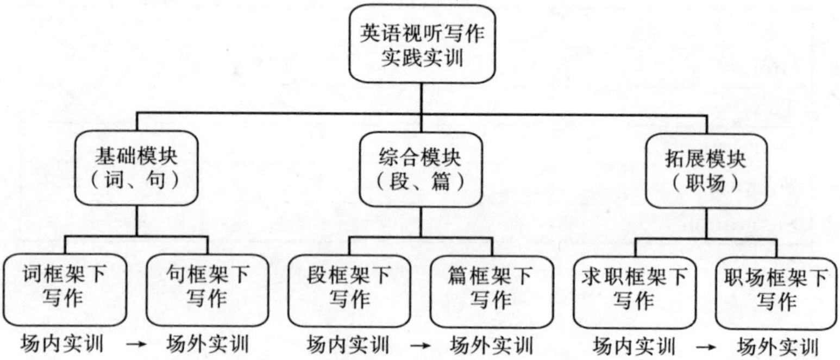

图 2.17　英语听力模仿实践实训体系

表 2.4　英语视听写作实践实训项目一览

一般情景 1	词句写作(基础写作知识 1)
一般情景 2	短篇写作(基础写作知识 2)
求职情景 3	求职写作(应用写作知识 1)
职场情景 4	职场写作(应用写作知识 2)
实训环境	场外:非现场 → 场内:现场
	手工写作 → 非手工写作
	本专业(单一性) → 跨专业(交互性)→ 跨文化(交际性)……

四、英语视听写作实践实训的评价要素

(一)形式规范

从形式上看,提交的写作成品差错率低,比较规范,包括拼写、格式、体例等要素。

(二)完整连贯

从内容上看,提交的写作成品表述准确、意义完整、结构连贯、条理清楚。

五、英语视听写作实践实训范例

(一)职场写作实训

学生选取其参与的某一社会实践项目或企业项目,在限定时间内(可根据实训进度和学生实际水平设定)开展非现场短文写作实训,将所完成的短文写作文本嵌入到源视频内(同步静态字幕,与此同时完成文本的朗读录音,嵌入到源视频内同期播放)。

实施视听写作实训时应注意:(1)自由化:在启动该实训前,可设置"自由写作期"作为缓冲,即学生想写什么写什么,以开拓思路、激发兴趣为目的;(2)有序化:拆解序化写作实训微技能(词语→句段→篇章),按规程和时限完成实训过程中的每一个单项技能,程序结构清晰简单可行,由易到难,渐进发展;(3)自主化:学生自行完成全过程的实训,先有"做→感"的不同体验,后有"感→思"的比较与交流,做中学,学中练、练中思;(4)可视化:增强学生用视听写作完成任务成品的可视化效果,便于相互交流,丰富鲜活案例资源库。重点放在原型定向(setting the standard),即范例展示和原型内化(applying the standard)模式环节的点评中。

(二)游戏竞赛活动设计

1. 英语视听写作识错 PK 挑战赛

在播放非标准文本式英语视频的过程中,学生以小组为单位,分别在所列表格内填写其发现的各类写作错误,包括词句识错、语篇识错、文化信息识错、结构词识错、文本格式体例识错等。累计识错数量(含理由阐述)、修正错误质量等作为PK输赢的标准。

文稿识错列表①

词句识错	语篇识错	文化信息识错	结构词识错	文本格式体例识错
concluded some suggestions	becoming a beautiful	Line 13	Of course	E. g 445
应修订为:	应修订为:	应修订为:	应修订为:	应修订为:
wait this line		Line Directions		flow—it goes
应修订为:	应修订为:	应修订为:	应修订为:	应修订为:
……	……	……	……	……

2. 英语视听语句"串烧"写作游戏

根据两个以上主题,将被切分混编的语句重新归类组装成文,通过捕获结构信号词训练连贯性,通过捕获信息关键词训练完整性。在规定时限内完成质量高的为赢家。

A

Class sizes were much reduced.

More classrooms were built.

More and abler staff was appointed.

The curriculum was widened from its narrow connection on the Classics.

The conditions in which scholars live were immeasurably improved.

B

Different students like different teachers.

① 参见附录(光盘)"Suggestions of Public Transpotation in Wangjing Area"。

Some students prefer a strict teacher who tells them exactly what to do.

Others prefer to be left to work on their own.

Still others like a democratic discussion type of class.

根据以上两个视频文本按顺序重组下列语句：

Others prefer to be left to work on their own.

Class sizes were much reduced.

More classrooms were built.

Different students like different teachers.

More and abler staff was appointed.

Some students prefer a strict teacher who tells them exactly what to do.

The curriculum was widened from its narrow connection on the Classics.

Others prefer to be left to work on their own.

The conditions in which scholars live were immeasurably improved.

3. 英语作文"传声筒"写作实践游戏

根据主题(通常为1个)，若干学生一个接着一个地续前者听写下来的词或句(选词造句、组句成段)。在规定时限内完成数量多且质量高的为赢家。

Teacher→Recite→E-learning→Gift…（首位字母串联、限词性，可限定主题）

I'm a teacher. →Teacher is a person who works in college. →College…（首尾单词串联、限词性，可限定主题）

Celebrations for the Spring Festival in the year of the Dragon are in full swing. →Some people go to Temple Fair. → Others have reunion dinners. →Still others send short messages (e. g. Happy New Year) via mobile phones …(联句意义完整、结构连贯)

六、英语视听写作实践实训学生汇报摘录

从来没有参加过这样的写作实训 PK 经历。记得视频中播放的是 2005 级学哥学姐们完成的写作成品，其中有一个是关于望京地区公交的，我们感到很亲切，因为我们学校就在望京地区。第一步，我们组要挑出写作文本中所有的语法错误，如单词拼写、单复数、时态语态，惯用搭配等，还得注明理由，再进行修正，似乎还比较容易；第二步，就是查找错误的结构连接词、不够规范的地方等问题了；第三步，是我们大家感觉最有挑战性的，即文化信息识错，因为这要了解中外写作的习惯，有真正的文化交流体验才行。我们组员各自发挥个人优势，最终获得了第一名。我们感到很有成就感，在社会实践活动中学习英文写作，真挺实用的。后来我的毕业设计《天通苑与望京地区中英韩公交指南电子图册制作》受到好评。成品送交给了北京人民广播电台交通台，更好地为市民服务。

2009 级旅游英语专业梁爽(2009151216)，2012 年 5 月

在视听写作实训中，一方面我们有视，除了视频外，老师会展示一些图片图表，我们按照要求完成与我们将来就业岗位相关的英文写作训练，涉及的内容有市场变化、人口变

动、生产状况、生产指标、景点介绍等；另一方面我们有听，老师会播放音频，基本上都是范文，我们按照要求完成英文写作中一些基本练习，如完成词语拓展、句子嫁接、句子改写、语句串联与组装等活动。这些活动形式渗透在了求职、简历撰写中就更突出实用性了，而且使我们对范文的印象和一些基本规则记忆非常深刻。

2009级旅游英语专业黄雅璇(2009151240)，2011年10月

写作实训前老师发给我们两张光盘，都是关于北京某个景点介绍的视频，一部是国外公司发行的，一部是国内公司发行的。我们的任务：第一，比对两个视频的解说词，查找他们在文化信息关注点上的差异；第二，结合我们扮演的向来华外国游客介绍景点的角色编写英文导游词；第三，根据不同入境旅游团（老年夕阳红团、学生游学团、家庭亲子团）的变化改编导游词；第四，根据不同的外国游客的国籍（欧洲、亚洲、美洲、大洋洲）变化改编导游词；第五，根据不同的外国游客的职业（建筑设计、环境保护、园林绿化）变化改编导游词……写了就得用，最后我们要带着自编的导游词去实际景点，面对来往的外籍游客“侃侃而谈”。令我最难忘的是：在我向两位俄罗斯游客介绍完景点后，却听到了令我沮丧的评价“Nothing special”。把现场录像带回与老师和同学交流后，我恍然意识到：景点文化描述的相似性和陈述的机械性使游客失去了兴趣，也使我的介绍显得没有任何特点。导游词写作实训就像万花筒，它打破了时空界限，学以致用。

2009级旅游英语专业张鑫(2009121243)，2011年12月

第五节　英语视听讲解实践实训设计

讲解是口语表达的主要形式之一，从培养说话人组织话语内容的能力开始，包括选词造句、组段成文及选择表达形式。讲解能力的培养和提高在一定程度上取决于多倾听、多观察。以听为基础，先听后说。多听的目的有二：一是起到原型定向(setting the standard)之功，便于口语讲解模仿的准确呈现；二是起到扩大输入总量之效，促使规则内化理解和信息有效表达。

一、英语视听讲解实践实训的基本方法

(一)对话言语实训

在英语视听环境(含图片图表等)中，开展现场或非现场(人对人或人对机)的口语会话活动。

人人对话示例

A

What can be done if the departure from a local place has to be postponed for the short supply of soft berths?

① Consult with the national / local guide to reach a consensus and explain the situation to the whole group to ask for understanding.

② Persuade the tour members one by one and find a solution that can be generally accepted.

③ Arrange the tour well and extend the visit time in a proper way. New scenic spots can be added but let the tourists feel it is not stalling.

④ Report this to the organizing agency and inform the next receiving agency to alter their travel plans accordingly.

B

What can be done if the tour party's plane is to take off behind schedule?

① Confirm the delay with the airport and get to know the reason and the new takeoff time.

② Explain to the tourists and make appropriate arrangements.

③ Arrange meals for the tourists if the plane still cannot take off at meal time.

④ If the waiting time is not long, organize some appropriate activities.

⑤ If the departure time is to be delayed till next day, find out the exact time and flight number and ask the next receiving agency to make new arrangements.

人机对话

You will hear a gapped conversation between Xu Ren and Susan.

Task:

① While listening to the conversation you are required to complete the gap by answering the questions.

② Suppose you are Susan.

③ You will have 10 seconds for each answer.

④ You are required to answer totally 5 questions for the conversation.

⑤ You voice will be recorded into system.

Susan: Hello, Xu Ren? It's me, Susan.

Xu Ren: Hello, Susan. Have you arrived at the Great Wall?

Susan: 您的回答①____________.

Xu Ren: What's the weather like over there?

Susan: 您的回答②____________.

Xu Ren: What's the temperature?

Susan: 您的回答③____________.

Xu Ren: That's about twenty-six degree centigrade.

Susan: 您的回答④____________.

Xu Ren: Wow! That's the weather I like.

Susan: 您的回答⑤____________.

参考答案:

Susan: Hello, Xu Ren? It's me, Susan.

Xu Ren: Hello, Susan. Have you arrived at the Great Wall?

Susan: Yes, I'm at Badaling now.

Xu Ren: What's the weather like over there?

Susan: It's cool.

Xu Ren: What's the temperature?

Susan: It's seventy-seven degree Fahrenheit.

Xu Ren: That's about twenty-six degree centigrade.

Susan: Yes.

Xu Ren: Wow! That's the weather I like.

Susan: Me, too.

(二)独白言语实训

在英语视听环境(含图片图表等)中,开展现场或非现场(人对人或人对机)的口语陈述活动。

个人独白示例

Traditional customs in China also include the Dragon Boat Festival. It is believed that this custom has a history dating back over 2 000 years. Dragon boats belonged exclusively to the emperors, because Chinese emperors were considered incarnations of a dragon. At later times, ordinary people were allowed to carve the symbol of a dragon onto their boats for good luck. Signs and carved totems of the legendary dragon were said to be able to save people from drowning. This saying turned the dragon boat into a kind of sacrificial altar; farmers would stand in the boat to pray for rain to ensure a successful harvest. But why did people start racing with boat altars?

Among many explanations, the most moving story involves a man named Qu Yuan, a devoted patriotic politician and poet. Qu Yuan was a high official in the ancient state of Chu, at that time the state of Qin was ambitious to expand, threatening the security of Chu. At the moment of crisis, Qu Yuan put forward a reform against the corruption of nobles, one which was aimed at saving the state. But a conspiracy was plotted against him and in the end the emperor sent Qu Yuan into exile. Later, Qu Yuan heard the capital city of Chu had been conquered, and he was so overwrought with grief that he drowned himself in the Miluo River in Hunan Province. This despair spread to the people of Chu. They respected him for his loyalty so much that they rushed out in boats and attempted to save him. That day was May 5th, according to the Chinese lunar calendar, a day which is now celebrated every year.

On May 5th, many Chinese people eat a traditional food

made of glutinous rice, called Zongzi. Feeding the fish with Zongzi is said to keep them away from Qu Yuan's body. In some places, in good fun, some people steal ordinary boats and transform them into dragon boats for racing. The boats are returned after the race. Instead of being annoyed, the boat owners think it's lucky and feel honored.

In today's society, dragon boat racing is known around the world. This kind of boat racing is becoming a popular sporting event in many countries. In China, however, many people see the race as a form of entertainment. An interesting custom is to pluck a duck out of the water at the end of race, for fun. The colorful decorations and exciting race always draws people outdoors to cheer for the rowers.

人机独白示例

In this part, you will read aloud a passage.

Task:

① You are required to read aloud the following passage.

② You are required to read aloud when hearing the beginning signal.

③ You voice will be recorded into the system.

John is an overseas student in China. He is from England. He studies Chinese in the university. Lin is a third-year Chinese student at the university. The two men meet for the first time. They introduce themselves to each other with pleasure. John is doing his Chinese program. Lin is going to graduate a year later. He intends to further his study in the UK by working toward a master's degree. Both John and Lin are on-line. From now on they can also keep in touch through the internet and help each other at any time.

(三)职场讲解(竞技)实训

在英语视听环境(含图片图表等)中,开展现场或非现场(人机)口语讲解活动。

Good afternoon, ladies and gentlemen.

As a guide of the Summer Palace, I am very glad to meet you here today. My name is...

As you appreciated the beautiful scenery and magnificent buildings in the imperial garden, I wonder if you have noticed the animal figurines sitting on the roof. What are they? Why are they sitting up there?

Unexpectedly, you will be surprised that these figurines are nail heads! Underneath each of these animal statues, there is a long wooden nail that fixes the tiles to the wood structure, and prevents them from sliding down. In order to stop rain water from going down into the wood structure through the nail holes, glazed caps were made to cover the nails. Gradually, these glazed caps evolved into the shape of these vivid animal figurines. They are called "mythical animal statues" which appear with different forms and names.

During the Qing Dynasty, there were very strict rules for the size and number of these animal statues on the roof of a certain building. They must be in odd numbers, but with only one exception — that is the Hall of Supreme Harmony in the Forbidden City. On the roof of that building, ten animals can be found.

In the Summer Palace, the Hall of Dispelling Clouds is of the highest rank since it was used to celebrate the birthday of Empress Dowager Cixi. Well, has anyone of you ever counted the number of these animal statues on that roof before? As a matter of fact, seven animal statues can be found there. They're dragon, phoenix, lion, seahorse, heavenly horse, yayu and suanni.

You may be familiar with some of these names, especially the dragon, which is the symbol of imperial power in ancient China. Since many Chinese immigrated to other countries, some mythical images have been spread all over the world. For example, dragon is filled in many subjects of Chinese culture, such as: architecture, costume, food, and traditional custom. During the Spring Festival, China Towns and Chinese communities will have dragon dance program. And among those dancers, you could see more and more foreigners' faces. However, apart from the dragon, you might be quite unfamiliar with other animals. Next, I would like to show you other interesting ones.

Actually, in front of the seven animals, the first figurine is an immortal man who is riding on a phoenix which implies that one can fly high and far, and has a bright future. Following the immortal, phoenix and lion are the typical animal images in China that both have auspicious meaning. In ancient Chinese mythology, the fourth animal seahorse symbolizes that the virtue of the emperor can reach both the heaven and the ocean. But, do you know what the mysterious animal Suanni is? It is the last figurine among the seven, a lion-shape animal which enjoys sitting a lot. It usually appears with incense burners, swallowing smoke and spitting fog. It is said to be a wild animal that devours tigers and is believed to have the power of dispelling thieves.

These animal statues for turning an awkward and boring

practicality into a beautiful crown of the building, as a famous modern Chinese architect Liang Sicheng once praised. No doubt, they are the crystallization of ancient workmen's intelligence.

Now, if you're still curious about other interesting stories, why don't you come with me to uncover the mystical mask of the traditional Chinese culture? I'm sure we'll have a wonderful trip in the Summer Palace!

That's the end of my introduction. Thank you. ①

二、影响英语视听讲解实践实训的相关因素

(一)心理特点

从不说到说、从不自主说到自主说,是一个学习和应用语言的心理过程。越是过度注重语言形式,就越无暇顾及话语内容,从而表现出精神紧张、思路混乱、记忆空缺、反应迟钝、技能生硬,无法进入说英语的角色状态,降低受到视听刺激后要说话的欲望。

(二)素材选取

素材内容与学生兴趣、专业相关性、熟悉程度及素材表现形式等,对英语口语能力展示有一定的影响。

(三)思维模式、性格、习惯与文化差异等因素

说英语是思维和表达的综合活动过程,思维模式、性格、习惯、文化等方面的差异,决定了学生在正确组织话语内容、准确选词造句、组句成段、恰当选取表达方式等活动中的能力。

① 第二届北京市职工职业技能大赛公园讲解员比赛颐和园参赛选手第三名导游词,2011年11月。

(四)场合与听众对象

场合限定因素包括限时与非限时、正式与非正式、直接(面对面)与间接(非面对面)、人人与人机、竞技模式与非竞技模式,等等。

听众对象大致分为两类:说给自己和说给别人。如果是说给自己,则有小声说和大声说的区别。如果是说给别人,对象的数量、身份、性别、熟悉程度等都有可能成为影响因素。

三、英语视听讲解实践实训模块构建

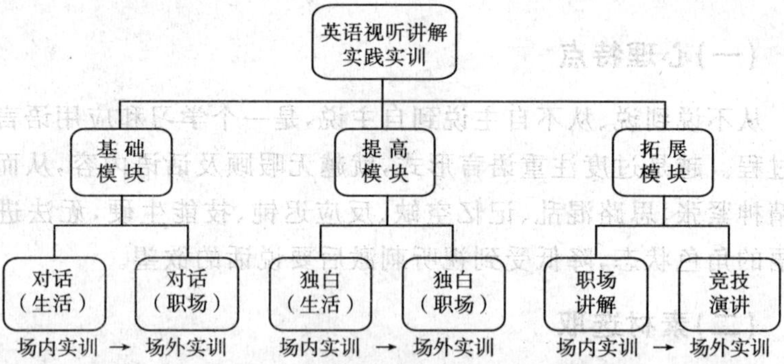

图 2.18 英语视听讲解实践实训体系

表 2.5 英语视听讲解实践实训项目一览

一般情景 1	对话言语实训
一般情景 2	独白言语实训
求职情景 3	职场讲解实训
职场情景 4	竞技演讲实训
实训环境	场外(非现场) → 场内(现场)
	人对人 → 人对机
	本专业(单一性) → 跨专业(交互性)→ 跨文化(交际性)……

四、英语视听讲解实践实训的评价要素

准确，即在语音语调、词汇语法等方面语言错误少，能够正确表达本意。

流畅，即能够以连贯的思维表达完整的意义，以适当的语速、音量、方式熟练表达。

交际，即表达得体、符合目的语的民族习惯、反应速度等。

五、英语视听讲解实践实训范例

1. 独白言语实训

学生选取某一影视片，在限定时间内(可根据实训进度和学生实际水平设定)开展非现场独白言语实训，将其本人影片独白的录音，嵌入到源视频内同期播放。

2. 竞技讲解实训

Welcome to China for the summer holiday. I'm..., a tour guide from the Summer Palace. First please allow me to use the Qing court curtsy to wish all of you good luck and happiness.

Today, I dressed like a noble Manchu woman of the Qing Dynasty and I'd like to introduce this kind of attire to you.

Let me begin with my headwear. This is called "Qitou" which developed during the middle of the Qing Dynasty, ranging from 1661 to 1820, and was used among noble Manchu women. At that time, women's hair was done up into a knot on top of the head to form a base for this headwear. The prominent "board" has an iron frame on which covered with black velvet or silk. This "board" is decorated with jewelry and flowers in front, and with a tassel or two dangling on both sides. This headwear shows the nobleness and beauty.

Now, talking about the dress, it is said Empress Dowager Cixi possessed over 3 000 trunks of dresses, jewelry and rare treasures. Many of her dresses were embroidered with dragon, phoenix and flower patterns and woven with golden thread.

In the old days people believed that the dragon had the horns of dear, head of bull, body of boa, claws of hawk and scales of fish. Legend goes that dragon can either be huge or small, visible or invisible, and it also can create clouds and rains, or conquer evil spirits. Therefore, it is a symbol of valor, authority and nobility. Today the dragon is still believed to be saintly and auspicious in the Chinese culture.

The phoenix, a supernatural bird, was worshipped as a totem in ancient China. The phoenix has the head of golden pheasant, body of mandarin duck, wings of bird, legs of stork and tail of peacock. It is regarded as the queen of all birds and represents noble in feudal dynasties. The phoenix is also believed to be the spouse of the dragon. Ancient legend says that the phoenix can bring peace and happiness, therefore, this beautiful bird is popular and widely used among Chinese people.

The reason why flowers appear on Empress Dowager Cixi's dress is that many flowers signify a wish for prosperity. For example, peony is believed to be a noble flower in China.

Now, please look at the shoes I am wearing, and you may notice that they are quite different from the modern ones. The special feature of the shoes is the 10-centimeter high wooden sole in the center of the shoes. Manchu noble women had the tradition of wearing this kind of shoes. Since the high sole has the form of flowerpots or horse hooves, so the shoes known as flowerpot shoes or horse hoof shoes. This kind of shoes is usually embroidered with auspicious patterns and flowers. It is said Manchu noble women wore this kind of shoes to conceal their unbound feet, since foot-binding was the fashion among Han Chinese people. Indeed, the high soles did add the woman's height and made her seem more elegant.

Today, in the Garden of Virtuous Harmony, the great theatre of the Summer Palace, the attendants wear this kind of attire to demonstrate the Qing Dynasty fashion as well as the unique Manchu culture. While seeing the magnificent buildings, beautiful decorations and luxurious furnishings, you may enjoy and share another aspect of the splendid Chinese culture in the Summer Palace.

Thank you for your attention. Please allow me to use the Qing court curtsy again to wish you a nice holiday in China. ①

类似竞技状态下，可灵活设计临场指定的听众对象（如入境游学团、家庭亲子团、商务访问团、老年夕阳团等，或不同客源国听众，如欧洲国家、非洲国家、亚洲国家，等等），进一步考察讲解人员的交际互动、跨文化交流意识和应变讲解能力。

实施视听讲解实训时应注意：(1)有序化：将语言训练与思维训练结合起来，拆解序化口语实训微技能，从口语操练到口语交际，夯实对话能力与独白能力；(2)自主化：学生自行完成全过程的实训，先有"做→感"的不同体验，后有"感→思"的比较与交流，做中学，学中练、练中思，有欲望说、自主说是重点；(3)可视化：增强学生在多元文

① 第二届北京市职工职业技能大赛公园讲解员比赛颐和园参赛选手第一名讲解词，2011 年 11 月。

化下用视听说交互方式完成任务成品的可视化效果，便于相互交流，丰富鲜活案例资源库。

六、英语视听讲解实践实训学生汇报摘录

我参加了“中、美、俄青少年语言与文化特色比较交流”实训活动。此前在指导老师的帮助下，我们完成了调查问卷（英文）和交流活动主持词（英文）。手握事前准备好的主持词和发言稿以及配套的 PPT 文件，虽然有指导老师做坚强的后盾，虽然面对的都是与我们同龄的俄、美籍青少年，作为大一的学生，我还是相当紧张，尤其是刚开始说英语的时候，似乎喉咙突然被卡住了，似乎所有的字词都不认识了，似乎所有想法都烟消云散了。稍许调整之后，我从基本生活会话入手，慢慢地我像其他参训同学一样进入到了说英语的角色之中，并对交流的主题越来越感兴趣。半天的实训结束时我意犹未尽，想了解、想学习、想交流的欲望更强了。幸好我与来访的俄、美籍青少年建立了联系，以后可以自主地用英语与他们交流。我体会到了老师为我们设计国际交流实训体验项目的真正意义了。

2008 级旅游英语专业郝萌（200815130），2008 年 12 月

继我参与北京人民广播电台外语广播 Radio 774 英语直播节目的实训后，我第二次的会话言语实训任务是：与外教共同完成 FAQ 对话的配图录音工作。实训地点在北京音像公司。我的角色是“徒弟”（学生），主要朗读问题部分（Q），外教的角色是“师傅”（老师），主要朗读回答部分（A）。在专业的录音棚内，我们开展了场内和场外的英语对话交流活动，我们一起工作了

三个半天，但实训给我的感觉可比上一个学期的口语课印象深，收获非常非常大。与真正的外国人在实际工作岗位上用英语会话交流。无论是在语言、文化还是在工作经历等方面，我都学到很多课本里、课堂上学不到或体会不深的东西。恳切希望老师能经常给我们创造这样的对我们就业和未来工作有帮助的实训机会。令我感到自豪的是，我的实训成果被列为“2010 年北京市大学生科学研究与创业行动计划项目”，并融入学长们的毕业设计之中。

2008 级旅游英语专业乔伦(20081121123)，2009 年 12 月

在大二视听讲解实训中我们有一个实训项目是，要把外国人请到校园里来一起交流中国文化，实训结束时要提交录像成品，包括独白和对话两个环节的现场展示录像。对我来讲，首要问题就是如何用英语“请来”外国人。我去了 798 艺术园区，去了三里屯酒吧一条街，去了南锣鼓巷文化商业景区……结果都没有能把外国人请来。后来在同学的帮助下，我有幸认识了西门子公司的一名德国籍职员。他英语很好，也非常愿意与我合作。接下来，第二个问题就是如何用英语研讨中国文化。我设计了一个比较有中国特色的研讨环境，准备好了想研讨的主题端午节和交流对白提纲，与德国籍伙伴沟通了有关录像事宜……这个实训锻炼的不仅仅是我们的英语听说能力，还有我们与人交往沟通的能力、协作完成工作任务的能力、独立思考的能力和解决问题的能力。此外，还培养了我们做人的品质——爱国、责任、诚信、合作。在老师的表扬声中和同学们羡慕的眼光里，我感到十分快乐，回味着把外国人请来这一路的艰辛与喜悦，体验其中先苦后甜的滋味，憧憬我们未来的发展。

2008 级旅游英语专业王晓童(200815119)，2010 年 6 月

第六节　英语视听编译实践实训设计

翻译是职业院校英语教学环节中的最后一个重要环节(last but not the least)。相当一部分学生毕业后或多或少、或直接或间接地从事一些基础性翻译(包括口译与笔译)的工作,如出入境服务与管理中的证照翻译、涉外旅游线路翻译、旅游产品说明翻译、媒体资产管理资料编译等。翻译的质量或效果可能成为影响其岗位晋升的重要考量。

英语教学中的翻译常常是重"教学翻译"轻"翻译教学"。教学翻译一般围绕英语语言训练展开,以达到语言教学的某一目的,比如使学生掌握某个句型表达或操练某些词汇表达方式。教学翻译只为具体的语言教学服务,是学习外语的一种手段。从某种意义上讲,还是一种相当有效的手段。翻译教学是在学生语言(既包括母语也包括外语)基本过关的情况下而进行的系统的翻译训练,不仅仅是语言层面的转换操作,还涉及两种语言在转换过程中的一般规律,包括结构的变异、词汇的选择等。更重要的是,翻译教学兼顾两种语言在不同文化语境下的差异、不同译文受众的阅读期待与习惯、不同译文文本的功能与目的等因素。

一、英语视听编译实践实训的基本方法

(一)信息关键词编译实训

在英语视听环境中,开展现场或非现场的从语句环境到语篇环境的信息关键词识别与英汉交互编译实操技能训练。

A. optical computer　B. machine language

C. auxiliary storage　D. virtual memory　　E. batch system

根据以上计算机应用专业音视频文本完成词语翻译识别：

A.	①(　)内存
	②(　)光学计算机
B.	③(　)真空管
	④(　)辅助存储器
C.	⑤(　)虚拟内存
	⑥(　)处理器
D.	⑦(　)晶体管
	⑧(　)机器语言
E.	⑨(　)操作系统
	⑩(　)批处理系统

① The business management program is designed for those graduates.

② The successful completion of the project depends on the co-ordination between the two companies.

③ It plays in the long run to buy goods of high quality.

④ This is a profitable undertaking.

⑤ The revenue of the City Council increased significantly this year.

⑥ The total cost exceeds the budget.

⑦ The small factory was confronted with a big challenge.

⑧ Value-creating strategies should be explored.

⑨ You need to improve your problem-solving ability before

you take that position.

⑩ We need knowledge and expertise in the field of accounting.

⑪ The government is trying to maximize educational opportunities.

⑫ This railway has many thousands of shareholders.

⑬ The company is revising its business strategies.

⑭ The stronger the motivation, the more quickly a person will learn a foreign language.

⑮ It ' s necessary to learn to deal with interpersonal relationships.

根据以上商务管理专业音视频文本识别信息关键词：

No.	Column A(英文词语)	Column B(中文意义)
①		企业管理
②		协调
③		从长远看
④		盈利的
⑤		收入
⑥		总成本
⑦		使……面临
⑧		创造价值的
⑨		解决问题的
⑩		在……方面的专门知识
⑪		最大化
⑫		股东
⑬		经营战略
⑭		动机
⑮		人对人之间的关系

International Departure from Terminal 3(T3) at BCIA

Check In

If you take the articles that need be declared to customs, please fill out China Customs Declaration Form for Baggage of Incoming / Outgoing Passengers. You should go through declaration procedures at the Customs Declaration Counter (between Check-in Area D and E).

Please bring your air-ticket and valid ID card to the check-in counter, register your baggage and take your boarding pass.

Inspection & Quarantine / Entry & Exit Frontier Inspection

If you are a Chinese passenger who will stay abroad for more than one year, it is recommended that you go to an inspection and quarantine department to participate in a physical examination so as to get a valid health certificate. If your overseas destination is an epidemic-stricken area, you should be vaccinated against epidemics as required.

If you are a foreign passenger, please present your valid passport, visa and exit registration card for verification, and leave China within the time limit specified on your valid entry visa.

If you are a Chinese passenger, please present your valid passport and visa for verification. If you hold a Personnel Going Abroad Certificate issued by appropriate authorities, please present it in time.

Security Check

In order to guarantee flight safety, passengers must pass by the security check door to have your keys, cell phones, and purses checked by the X-ray machine.

Customs Inspections

If you take accompanied articles that must be declared to the customs, you should complete China Customs Declaration Form for Baggage of Incoming / Outgoing Passengers and choose the "GOODS TO DECLARE" Channel (also known as the Red Channel) otherwise it is unnecessary for you to complete such a form, but just follow the "NOTHING TO DECLARE" Channel (also known as the Green Channel).

Waiting & Boarding

After security check, you can go to the gate indicated on the boarding pass to have a rest and wait for boarding. Generally, boarding starts at least 30 minutes before a flight takes off. Please pay attention to broadcasting and flight information display. Passengers are required to show a boarding pass.

根据以上出入境服务与管理专业音视频文本编译信息关键词(20字以内):

关键词:值机、检疫、边检、海关、安检、候机、登机

In today's lecture, we'll cover a number of topics. We will start by talking about research methods. There are a number of ways that researchers have investigated children's language and these include the use of diaries, recordings and tests, and we'll be looking at how researchers make use of these various methods. We will then go on to examine the language learning process, starting with the development of speech in young infants during the first year of life. This is the time associated with the emergence of the skills of speech perception, in other words, an emergence of the child's awareness of his or her own ability to speak. We will continue with our examination of the language learning process, this time by looking at language learning in the older child, that is, in children under five. As they mature, it is possible to begin analysis in conventional linguistic terms, and so in our analysis we will look at phonological, grammatical and semantic development in pre-school children.

In the second part of the talk I would like to review some educational approaches to the question of how linguistic skills can be developed. In other words, how can we assist the young child to learn language skills at school? Initially we will look at issues that arise in relation to spoken language; we will then look at reading and review a number of approaches that have been proposed in relation to the teaching of reading. Finally we will conclude today's talk with an account of current thinking about the most neglected area of all, the child's developing awareness of written language.

根据以上青少年教育与管理专业音视频文本识别信息关键词：

Column A(英文词语)	Column B(中文意义)
①________ ②________ ③________ ④________ ⑤________	A 研究方法 B 市场调查研究 C 语义(学)的 D 音位学的，音韵学的 E 语言学习过程 F 普通心理语言学术语 G 语言学的

参考答案	
Column A(英文词语)	Column B(中文意义)
① research methods	A 研究方法
② language learning process	E 语言学习过程
③ linguistic	G 语言学的
④ phonological	D 音位学的，音韵学的
⑤semanticl	C 语义(学)的

然后编译语句信息关键词：

①从了解1岁婴儿的言语能力发展入手来探究________。

②怎样帮助儿童在校掌握________？

③谈论有关儿童口语、________能力的培养方法与问题。

④从音位、________等角度分析学前儿童语言学习过程。

⑤研究儿童语言的测试方法包括：实验记录、________。

参考答案：

①从了解1岁婴儿的言语能力发展入手来探究语言学习过程。

④从音位、语法和语义等角度分析学前儿童语言学习过程。

②怎样帮助儿童在校掌握语言技巧？

③谈论有关儿童口语、阅读和写作能力的培养方法与问题。

(二)语句组段编译实训

在英语视听环境中，开展现场或非现场的语句翻译识别和组句成文编译实操训练。

① Nowadays, people rely more on computers to solve various kinds of problems.

② Database services and computer networks make available a great variety of information sources.

③ From that start, computers have developed through four generations, or stages, each one characterized by smaller size, and less expense than its predecessor.

④ Generally, the larger the systemis, the greater is its processing speed, storage capacity, and cost.

⑤ You may have noticed that experienced computer users often speak a different language.

根据以上计算机应用专业音视频文本选择翻译：

①____________________________________.

A)现在,人们越来越多地依靠计算机来解决各种问题。

B)现在,人们更多地依靠计算机来计算出各种各样的问题。

C)将来,越来越多的人们计算时使用计算机。

②____________________________________.

A)数据库服务和计算机网络带来各种各样的信息源。

B)数据库服务和计算机网络使各种各样的信息源可供使用。

C)信息源使得数据库和计算机网络服务可以提供给人们。

③____________________________________.

A)从那时开始,计算机发展了四代或四个阶段,前一个比后一个都更加小,更加便宜。

B)从那时起,计算机经历了四次发展或四个阶段,每一个阶段都比前一个阶段要更小一些,而且更便宜。

C)从那时起,计算机经历了四个发展年代或阶段,每一年代的特点是:与上 代相比,其体积更小,费用更低。

④____________________________________.

A)一般说来,大的处理系统需要更快的处理速度,更强的储存能力和更高的费用。

B)一般说来,系统越大,其处理速度越快、存储能力越强、费用越高。

C)一般的系统都很大,其处理速度更快,存储能力更强也更加昂贵。

⑤ ________________________________.

A)你可能会发现用过计算机后能说不同的语言。

B)你可能注意到熟练的计算机使用者会用一些不同语言的计算机。

C)你可能注意到有经验的计算机使用者经常会说一些不同的语言。

参考答案:

① A)现在,人们越来越多地依靠计算机来解决各种问题。

② B)数据库服务和计算机网络使各种各样的信息源可供使用。

③ C)从那时起,计算机经历了4个发展年代或阶段,每一年代的特点是:与上一代相比,其体积更小,费用更低。

④ B)一般说来,系统越大,其处理速度越快、存储能力越强、费用越高。

⑤ C)你可能注意到有经验的计算机使用者经常会说一些不同的语言。

The Double Seventh Festival, on the 7th day of the 7th lunar month, is a traditional festival full of romance.

At night when the sky is dotted with stars, people can see the Milky Way spanning from the north to the south. On each bank of it is a bright star, which sees each other from afar. They are the Cowherd and Weaver Maid, and about them there is a beautiful love story passed down from generation to generation.

Long, long ago, there was an honest and kind-hearted fellow named Niu Lang. His parents died when he was a child. Later he was driven out of his home by his sister-in-law. So he lived by himself herding cattle and farming.

One day, a fairy from heaven Zhi Nu (Weaver Maid) fell in love with him and came down secretly to earth and married him. The cowherd farmed in the field and the Weaver Maid wove at home. They lived a happy life and gave birth to a boy and a girl. Unfortunately, Yu Di (the God of Heaven) soon found out the fact and ordered the Wang Mu (Queen Mother of the Western Heavens to bring the Weaver Maid back.

With the help of celestial cattle, the Cowherd flew to heaven with his son and daughter. At the time when he was about to catch up with his wife, the Queen Mother took off one of her gold hairpins and made a stroke. One billowy river appeared in front of the Cowherd. The Cowherd and Weaver Maid were separated on the two banks forever and could only feel their tears. Their loyalty to love touched magpies, so tens of thousands of magpies came to build a bridge for the Cowherd and Weaver Maid to meet each other. The Queen Mother was eventually moved and allowed them to meet each year on the 7th of the 7th lunar month. Hence their meeting date has been called "Qi Xi" (Double Seventh).

Today some traditional customs are still observed in rural areas of China, but have been weakened or diluted in urban cities. However, the legend of the Cowherd and Weaver Maid has taken root in the hearts of the people. In recent years, in particular, urban youths have celebrated it as Valentine's Day in China.

根据以上旅游专业音视频文本编译语句并排序：

①象征忠贞________的农历七月初七最近几年在都市青年中被作为中国的________节进行庆祝。

②一道白茫茫的________横贯南北，河的东西两岸各有一颗闪亮的星星，隔河相望，遥遥相对，那就是________星和________星。

③在我国，农历七月初七，是人们俗称的________节。

④很快天帝知道，________亲自下凡，强行拆散恩爱夫妻。

⑤牛郎和织女的忠贞爱情感动了________，他们飞来，搭成________，两人在每年于________在此相会。

语篇信息排序：

(　　)——(　　)——(　　)——(　　)——(　　)

参考答案：

①象征忠贞爱情的农历七月初七最近几年在都市青年中被作为中国的情人节进行庆祝。

②一道白茫茫的银河横贯南北，河的东西两岸各有一颗闪亮的星星，隔河相望，遥遥相对，那就是牵牛星和织女星。

③在我国，农历七月初七，是人们俗称的七夕节。

④很快天帝知道，王母娘娘亲自下凡，强行拆散恩爱夫妻。

⑤牛郎和织女的忠贞爱情感动了喜鹊，他们飞来，搭成鹊桥，两人在每年于农历7月7日在此相会。

语篇信息排序：(③)——(②)——(④)——(⑤)——(①)

(三)提纲式(摘要式)编译实训

在英语视听环境中，开展现场或非现场的提纲式或摘要式编译实操训练。

根据以下旅游专业音视频文本编译提纲(三级)和摘要(200字以内)。

Tourism consists of many different types of journeys. In the following I shall discuss some definitions and classifications of tourism. Basically, tourism is a movement in space from a person's home district to one or more destinations and then back again.

What is important in the definition is the idea that a tourist is away from home for a certain period of time, between 24 hours and 365 days. That is to say, the minimum time is one day and the maximum time is one year.

A distance criterion is also specified. For example, Statistiska Centralbyran believes that farther than 100 km from one's home is a criterion for tourism.

The definitions of tourism include many other criteria, for instance that the absence from home is voluntary and that the money spent at the destination has not been earned there. Apart from these, there is often a classification of the aims and motives for the journey.

In a broader sense, tourism falls into two categories, domestic tourism and international tourism.

The definition formulated by World Tourism Organization (WTO) for domestic tourism is one of the most commonly used for operational purposes and contains many of the above criteria. It is as follows: "a traveler visits a destination in his country of residence for at least 24 hours but less than one year for the purpose of recreation, holidays, sport, business, meetings, conventions, study, visiting friends or relatives, health, mission work, or religion."

As for the definition of international tourism, it is similar to that of domestic tourism. It is defined as follows: "a traveler visits a destination outside the country of his residence for at least 24 hours but less than one year for the purpose of recreation, holidays, sport, business, meetings, conventions, study, visiting friends or relatives, health, mission work, or religion."

参考提纲：

<table>
<tr><td rowspan="14">旅游</td><td rowspan="3">定义</td><td colspan="2">空间性移动</td></tr>
<tr><td colspan="2">离开居住地去往异地</td></tr>
<tr><td colspan="2">返回居住地</td></tr>
<tr><td rowspan="5">标准</td><td colspan="2">时限:24 小时至 365 天</td></tr>
<tr><td colspan="2">距离:距离居住地 100 公里以外</td></tr>
<tr><td colspan="2">自愿原则</td></tr>
<tr><td colspan="2">旅行支出为非旅游目的地之劳动所得</td></tr>
<tr style="display:none"></tr>
<tr><td rowspan="6">分类</td><td rowspan="3">境内游</td><td>目的地:居住国境内</td></tr>
<tr><td>时限:24 小时至 365 天</td></tr>
<tr><td>目的:休闲、度假、运动、商务、会议、研究、探亲、访友、疗养、出差、宗教</td></tr>
<tr><td rowspan="3">境外游</td><td>目的地:居住国境外</td></tr>
<tr><td>时限:24 小时至 365 天</td></tr>
<tr><td>目的:休闲、度假、运动、商务、会议、研究、探亲、访友、疗养、出差、宗教</td></tr>
</table>

参考摘要：

旅游是从某人的居住地抵达一个或多个目的地、然后返回居住地的一项活动，路程至少要超过 100 公里，必须是自愿离开居住地，且旅行支出为非目的地的劳动所得。人们通常把旅游分为两类:境内游和境外游。境内游是指旅行者在其户籍国境内旅行 24 小时以上、一年以下，以娱乐、度假、运动、商务、会见、会议、研究、访亲、探友、疗养、出差或宗教为目的的旅行。境外游与境内游的定义相似，只是将“境内”改为“境外”。

二、影响英语视听编译实践实训的相关因素

（一）翻译基础知识与翻译基本方法

翻译基础知识，尤其对一些翻译基本方法，如完全对应与部分对应（创造性新译法、功能对等法、不译法）[①]等的学习效果、掌握笔译和口译技巧熟练程度会直接影响编译实训的成效。

（二）跨文化交际能力

编译实训不是仅仅停留在简单的汉语和英语两种语言表现形式的转换，而是基于两种文化间的一种交流。翻译可以在文化间传递信息，但语言里会蕴含着微妙之处和固有文化含义，有时跨文化交际能力因素会影响传递的准确性与实效性。

（三）“视听→速记→编译”的习惯

视听编译实训（听译）包含口译过程中的前半段和笔译过程中的后半段，既非阅读性翻译，亦非口述性翻译。速记成为完成从听至译的必备技能。

（四）基于提纲、摘要及关键词的中文整编能力

理解英文原文基础上的编译性提纲、摘要及关键词的整理，需要有较强的主次信息逻辑架构分析、归纳、概括与提炼能力。

---

① 王晓明、周之南，《汉英公共标示语翻译探究与示范》，世界知识出版社，2011 年，第七章。

三、英语视听编译实践实训模块构建

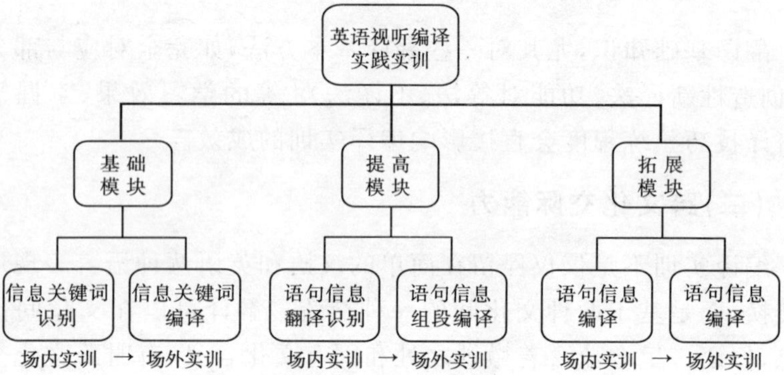

图 2.19　英语视听编译实践实训体系

表 2.6　英语视听编译实践实训项目一览

一般情景 1	信息关键词编译实训
一般情景 2	语句组段编译实训
求职情景 3	提纲摘要编译实训
实训环境	场外:非现场 → 场内:现场
	人对人 → 人对机
	本专业(单一性) → 跨专业(交互性)→ 跨文化(交际性)……

四、英语视听编译实践实训的评价要素

(一)意义基本准确

避免语言(含职场术语)误译、功能误译、风格误译、文化误译、疏忽误译等现象。

(二)形式基本规范

编译主观性展示的形式符合相关具体要求,避免汉语中的错别字和英语拼写错误、体例错误(缩进、缩写、序列、符号、结构等)。

五、英语视听编译实践实训范例

(一)职场岗位编译实训

根据以下社会工作专业音视频文本编译摘要(200 字以内)和关键词(20 字以内)。

Today's lecture is about social workers and their jobs. Five topics are involved. Now, let's start.

A. Nature of the Social Work

Social work is a profession for those with a strong desire to help improve people's lives. Social workers assist people by helping them cope with issues in their everyday lives, deal with their relationships, and solve personal and family problems. Many social workers specialize in serving a particular population or working in a specific setting.

B. Work Environment

Social workers usually spend most of their time in an office or residential facility, but they also may travel locally to visit clients, meet with service providers, or attend meetings. Some may meet with clients in one of several offices within a local area. Full-time social workers usually work a standard 40-hour week, but some occasionally work evenings and weekends to meet clients, attend community meetings, and handle emergencies. Some work part time, particularly in voluntary nonprofit agencies.

C. Education and Training

A bachelor's degree in social work (BSW) is the most common minimum requirement to qualify for a job as a social worker; however, majors in psychology, sociology, and related fields may qualify for some entry-level jobs, especially in small community agencies. Although a bachelor's degree is sufficient for entry into the field, an advanced degree has become the standard for many positions. A master's degree in social work (MSW) is typically required for positions in health settings and is required for clinical work as well. Some jobs in public and private agencies also may require an advanced degree, such as a master's degree in social services policy or administration.

D. Employment

Social workers held about 595,000 jobs in 2006. About 5 out of 10 jobs were in health care and social assistance industries and 3 out of 10 are employed by State and local government agencies, primarily in departments of health and human services. Although most social workers are employed in cities or suburbs, some work in rural areas.

E. Job Outlook

Employment for social workers is expected to grow much faster than the average for all occupations through 2016. Job prospects are expected to be favorable, particularly for social workers who specialize in the aging population or work in rural areas. However, competition for social worker jobs is expected in cities, where training programs for social workers are prevalent. Opportunities should be good in rural areas, which often find it difficult to attract and retain qualified staff.

参考摘要：

社会工作是帮助人们改善生活水平的职业，其职责包括助人处理生活问题、改善家庭成员关系、城市社区走访、约见服务商、参加研讨会等。社会工作者可以分为全职和兼职两种，他们很多是心理学、社会学、社会福利、管理学等相关专业的本科（学士）或研究生（硕士）毕业生。岗位主要集中在医疗卫生和社会救助行业。随着人口老龄化和农村的发展，社会工作正在受到社会越来越多的重视。

参考关键词：

社会工作　城市社区　医疗卫生　社会救助　老龄化

（二）职场岗位编译讲解实训①

视听编译换位，即编译视听不失为活用策略，将岗位文稿编译成品做模态转化，由读写笔译模态向听说口译模态转变。这类实训可根据专业和职场岗位进一步拓展，如旅游专业的出入境证照资料编译讲解、景点导游词编译讲解、线路设计编译讲解；教育专业的教学用具文本编译讲解、教学计划文本编译讲解、教学测试文本编译讲解、讲课视频文本编译讲解，传播专业的网站信息编译讲解、广播新闻摘要编译讲解、赛会视频宣传片字幕编译讲解、娱乐游戏编译讲解，等等。

实施职场岗位编译讲解实训时应注意：(1)有序化：将语言训练与思维训练结合起来，拆解序化翻译实训微技能，从词语句到段章篇，强化翻译技巧应用；(2)自主化：学生自行完成全过程的实践实训，"浸泡"在实际工作中，先有由做到感的不同体验，后有由感到思的比较与交流，做中学、学中练、练中思；(3)可视化：增强学生用视听说为主线的方式完成任务成品的可视化效果，便于相互交流，丰富鲜

① 参见附录（光盘）"学生实践实训成果英语赛训'Manners & Amenity'"。

活案例资源库。此外,这样的成果在一定程度上会使学生体味成就感。

六、英语视听编译实践实训学生汇报摘录

和以前比较,我得换习惯了,不做全文的翻译,我的实训任务是把 HRM & PR 为主题的英文讲座视频的中文摘要和关键词整理出来。做 TA 时,听海总学员说过这项技能对他们非常重要,因为他们经常要将国外员工的报告编译成中文摘要,之后要么做口头汇报用,要么做备忘录用。这项实训需要我们学会抓主旨大意,听懂意思后再翻译整理。最后把自己编译的中文文本以口头的方式陈述出来并切回到源视频里,拿到课堂上与同学们分享互评。不做不知道啊,发现好几处"无中生有"的编译内容,看来知识面和工作经历也影响编译效果。顺便提一句,区分 HRM 和 PR 很重要。我想,如果做旅游咨询,这是不可或缺的知识点。

2007 级旅游英语专业郭静(2007151139),2009 年 6 月

我参与北京人民广播电台外语广播英语节目“学英语、话文明”的音频编译。这个节目持续了一年多的时间,内容多是东西方文化对比。我把前期电台主持人做的编译内容认真浏览了一下,是想体会一下与我们做过的景点讲解编译有什么不一样。记得第一学期的时候,老师让我们听中文歌曲并给歌曲命名或写关键词和编写歌词大意,尔后将歌曲编目并归入指定项目的电子档案。经过这样一番比对,我心中有数了,按照实训项目关于文本格式、体例和字数的要求,开始“工作”了。因为是广

播节目，而且对话性比较强，编辑摘要和关键词又不能太口语化了，着实令我费了脑筋。

2008级旅游英语专业郝萌(2008151130)，2009年6月

想做好这项实训，前提是英语文本的记录是否基本准确到位，是否理解了意思。为了确认我对英语视频里内容的理解，我上网查阅了与视频主题“成都雅安”有关的资料。中文摘要和关键词是一个归纳提炼的过程，在对全文意思理解到位的基础上提炼出每一段的中心句子、词组或单词，举出相应的例子来举证，再把开头和结尾用精练的语句或词组概括出来，最后，在书写的时候，注意正确使用汉字，留意字数。

在这次实训的过程中老师反复强调的一个问题：并不是任务本身怎么样，而是要求我们按时按要求完成。老师设计的可贵之处在于，让我们把它看成是公司老板给员工的任务，很好地培养了我们的工作责任感，真正明白什么是必须按时按规范要求完成。

总之，小小的、简简单单的月实训项目，不单单让我听明白了一篇文章在说什么，更多的是了解实训的理念是什么，我们应该怎么做，尤其是面对困难的时候。在这个过程中，我既锻炼了自己的英语听力能力、英汉翻译能力，也了解到了相关的旅游文化知识，更好地体验到一个好员工应该如何按时按要求地完成工作任务。

2008级旅游英语专业贾浩洋(2008151127)，2010年06月

第三章
英语实践实训教学师资队伍建设

第一节　职业院校英语教师的“双师”路径

上乘的教师队伍是高职教育真正实施素质教育，培养出具有全面发展的高技能人才的重要保证。我们要认真开展实际调查，加强理论研究，不断总结出能够有效促进文科高职“双师结构”教师队伍发展的途径以及教师自我发展的原则、途径、方法、模式，形成一些可资借鉴的经验，逐步探索出一套完整的适合职业教育实际和职业教育发展的教师优质队伍建设的体系，努力完善教师生涯设计的理论与方法，不断细化教师继续教育的新理念、新内容、新模式，不断深化和有效落实示范学校建设指标体系内涵，在优化英语教师队伍的过程中产生促进效应、提升效应、引领效应和驱动效应。

目前，在职业院校英语教师队伍中，对职教理念认识的水平参差不齐，重英语基础语言训练、轻职场英语应用能力（尤其是公共基础课程）培养的教学模式比较普遍，真正具有行业企业经历的师资普遍空缺导致职教实践教学理念不强、组织和设计实践教学能力薄弱。职教实践教学的理论研究水平普遍较低，表现为超负荷的教学工作为主、科研能力提高受限。年轻教师中师源结构比例不协调，比如非师范院校毕业生偏多，缺乏从教经验。这些因素在一定程度上影响了职业院校英语教学的质量。为了突破现有瓶颈，必须开据新路径。

一、构建学习型教师队伍

教师队伍的建设必须立足于教师的终身发展。高等职业教育对于实践性、职业性的要求，决定了高职师资队伍的特殊性，需要一大批与行业紧密接轨的具有较强实践能力的教师。英语教师不能只停留在不断提高自身英语语言水平和英语语言教学能力上，因为这会演变成部分职业院校英语教师发展的瓶颈，而是要主动转变教学观念，提高师德水品，将国家利益、学校利益、学生利益和教师个人利益有机共赢整合，积极加强职业教育能力，确保在培养高技能人才的过程中多出优质合格的"产品"。英语教师向"双师"型转变可分为三个层面：(1)英语教师自身要加强基于培养对象就业岗位群的相关行业认知培训，即用英语了解行业、掌握岗位知识，避免说外行话，教师可通过参加各级各类英语类职业资格培训和认定的方式实现；(2)英语教师自身要加强基于培养对象职场工作的实操能力训练，即用英语会做与职场岗位相关的事，避免办外行事，教师可通过参加以专业建设、课程建设、校内外实训实习基地建设、政府与社会服务活动等为契机的一定时限的兼职或顶岗挂职锻炼等方式落实；(3)英语教师自身要加强基于培养对象就业岗位群所需要的教学基本功训练，即能教会学生用英语干好与职场相关的工作，有效设计"工学结合"教学环节，教师可通过参加教育教学竞赛、行业技能比武、对口培训等方式展开。

目前，国内英语教师双证都比较倾向于与英语挂钩的行业证书，如翻译证(口译、笔译)、导游证(中文、英文)、商务英语证(含跟单员)、饭店英语证、涉外秘书、英语口语考官证等。英语教师双师素质通常通过企业挂职(3个月以上)的方式实现。这些措施至少从形式上满足了双师结构的指标要求——证书在手、经历在案，一定程度上是有利于提高实践教学质量的。除了通过挂职"走出去"和引进企业师资"请进来"，搭建"练内功"的"双师"结构建设平台亦可为良计。首先，英语教师可以坚持参加所培养对象专业群的各项教科研活动，甚至与专业学生一起全程参加专业核心课学习、训练与测试，包括校内免费进修。其次，通过改革校内实训基地建设与日常管理模式，创新地践行教师全员轮岗参与的"工管结合"兼岗培训制。根据校内实训基地中各实训室软件和硬件配置及服务实训教学的功能，结合教师个人特长与其发展所需，设定教师分工合作全员参与实训基地的管理工作。比如，服务旅游英语专业的“英语导游讲解实训室”暨服务公共英语的“英语演讲实训室”，由承担中英文导游专业实训课或英语口语公共课实训的英语教师负责，教师全程参与该实训室软件和硬件项目的申报、预算、执行、考核及其建成后的全面日常管理，包括资产及使用、更新与维护。这一模式配合校内外初、中、高级实训师的选聘并举实施，且与实训教学任务的具体工作相结合，亦为“双师”结构队伍建设奠定了一定的基础。这种“工管结合”的策略，表面上看教师个人的负担重了，扮演的角色多了，但实际效果表明，它对提高教师的整体素质（包括责任与制度意识、安全与应急意识、文化与环境意识、实效与质量意识、合作与创新意识和奉献精神等）、行政管理与执行能力、沟通协调与整合资源能力、开展自身教育教学管理的能力，与其在校外实训基地的“挂职”有异曲同工之妙。“工管结合”非常有利于企业文化（包括精神文化、制度文化和行为文化）融入校园，在一定程度上反作用于职业文化、引导职业风气、规范职业活动以及提高教师职业素质和职业教育水平。

二、优化制度保障体系

研究并逐步建立“提升教师专业化发展水平，打造优质教师团队”的制度保障体系，构建适合院系结合、多赢互利、可持续发展、提升教师专业化发展水平的校本培训体制，研究并逐步建立形成院系优质化教师团队的发展性评价体系，以评价促发展，形成优质教师队伍建设的激励体制。研究并建立有效的自我评价标准、同伴参与式常规教学评价标准。

英语教师绩效评价指标体系可具体分解为：(1)英语实践教学效果提升排名奖励制；(2)英语课堂教学学生评教排名奖励制；(3)教学质量工程目标成果奖励制，包括教育教学成果奖、示范性专业、精品课程、精品教材、教学团队(含双师结构、教学名师、专业带头人、教师参赛奖)、教改课题(含专项)、实训室项目、实训基地、社会服务成效(经济效益或社会效益、媒体正面宣传报道情况)等;(4)科研项目目标奖励制,包括科研项目、科研经费、科研论文、科研专著、会议讲学等方面;(5)教学管理与学生管理实效奖励制,包括系部获奖、教研室获奖、学生获奖、班级获奖、学生职业证书获得、招生与就业、专升本等情况。实践表明,规范有效的人才奖励制度,对促进教师开展职业自省、提高职业生活质量标准起着重要的作用。

第二节　职业院校英语教师的成长发展

一、用感恩之心铺垫自身和谐成长道路

学生感恩于教师,乃天经地义,这是中华民族千百年来的传统美德。教师们"披着晨曦匆匆赶往学校,忙着备课备战在银色的雪夜里,不顾酷暑遨游在书海之中";教师们"不渴望学生送钱送物、不苛求学生给予自己生活上帮助和照顾";教师们"历数苦处、痛斥学生不用心学习,辜负长辈期望"……这一切,都是在为学生啊!学生怎能不该念恩于师呢?

然而,当看到有的教师经常因自己的学生考试成绩不佳或起事惹祸而向学生发泄一肚子怨气,经常以冷漠的、高傲的眼光斜视学生,好似一个施舍恩惠的财主等待着乞丐叩谢一般之时,笔者感到疑惑:教师就没有责任了吗?学生会不会心生不解,乃至怨恨?这样不和谐的师生关系会引发怎样的后果?

如果教师们换位思考:正是因为有了学生渴求知识的需要,才有

了教师这个职业;有了教师岗位,教师才有了进修提升的原动力。从某种意义上讲,学生直接或间接地帮助教师们实现了人生价值。这是不是恩情？有没有恩情?”

笔者认为,一名教师,如果在内心感恩于自己的学生,那他(她)就会不仅执著于教书,而且专注于育人。他(她)会俯下身子与学生平等交流;会充满爱心地关怀每一个学生;会不惧困难与学生共担风雨……而这些,我们的教师能做得到,因为,无德不可为师!

作为教师,我们自己首先要对“师德”有正确的认识和深刻的体验。教师职业道德的终身教育是必须的,这不仅是职业的需要、社会的需要,而且是教师自我实现的需要、自我尊重的需要。这样,教师才能在身边的点滴小事中努力为学生树立良好形象。

作为教师,如果在内心感恩于自己的学生,我们首先应树立自身的人格魅力。实际上,教师情商的高低、诚信诚心与否、言谈举止是否一致、工作作风与教育教学要求是否同步、教学是否求真务实等,都可以影响到教师个人的人格魅力。为了学生,我们的教师不妨经常反思,问问自己:

> How my teaching affects the students’ learning? How important are my personal beliefs and values important in shaping behaviors among my students, such as trust, delegation, etc.? What behaviors of mine have impact on the students both positively and negatively? Have outside interests kept me rooted and balanced? Are my feelings contagious or do my moods affect my teaching performance than is commonly supposed? How should I prepare for the top teaching including working on interpersonal skills? What societal changes are altering the emphasis of my teaching skills?

真正做到以教师之德立学生之德,以达到提高个人素质,树立教师人格魅力的效果,无愧于来自学生的感恩。

作为教师，如果在内心感恩于自己的学生，我们不会忽视自身知识结构的构建。事实上，教师教育教学的理念更新、内容创造、方法改进以及教师自我进修提高的成效性、教师教育技术掌握的熟练程度等，都是影响教师个人知识结构的因素。为了学生，我们的教师不妨经常鼓励自己：

I'm not perfect — what next — The development begins in earnest. What is the measurement for my progress — I'll never stop improving。

经常结合教学实际给自己的大脑"充电"，不断追求知识的拓展与更新。有了知识进步的感觉，才会有真正意义上的教书育人，无愧于来自学生的信任。

作为教师，如果在内心感恩于自己的学生，我们需要不断提高自身的教学管理水平。其实，从某种意义上讲，教学管理尤其是课堂管理，是一种控制性的游戏。教师是否懂得游戏的内涵、是否了解了游戏的对象，是否明白了游戏的规则、是否具有灵活运用游戏规则的能力……这些都会影响教师个人管理水平的展示。为了学生，我们的教师不妨给自我教学管理的风格画个相，分析其优劣：

What type of teacher I've already been—

authoritative (Try to do it with my instructions),

coaching(I expect you do well),

democratic(What shall we do?),

affiliative(You've done very well),

pace-setting(Do it like me!),

coercive(Do it!!!)?

What's the climate in my class — innovation, flexibility, standards, rewards, clarity, class spirit?

只有不断提高驾御课内外教学的能力和水平，学会先控制自己，取得树立个人魅力的效果，才能赢得做教师的威信，无愧于来自学生的期待。

作为教师，如果在内心感恩于自己的学生，我们会始终潜心教学创新。所谓教学创新，指教师在具备一般教学能力的基础上，敢于标新立异、独出心裁地开展创造性教学，发展内涵。为了学生，我们的教师不断更新组合教学内容，在备课的过程中选择新的思维角度，对原有的内容进行再认识或修正，补充乃至于重新组合教材、优化知识体系；为了学生，我们的教师不断创造新的教学方法，对考试评价和成绩因素进行实践摸索和创新；为了学生，我们的教师不断优化教学过程，更重视研究教学诸因素的内在联系和课堂教学的普遍规律，使课堂结构更趋合理。

作为教师，如果在内心感恩于自己的学生，我们会努力培养正确自我认识和评价的能力。这种能力有利于教师正确处理自己的奋斗目标与他人、与集体、与周围环境的关系，从而能以平和、愉快的心情从事自己的工作，发挥自己的创造能力，无愧于来自学生的责任。

无德不可为师，无德之师怎能建立和谐校园，孕育创建和谐社会的种子？我们要以教师之德立学生之德！

二、用泛学之法拓展自身全面发展空间

我们关注学生兴趣与兴趣发展这两个方面，即学生感兴趣去做的和能让学生在做的过程中感兴趣的。

> Not only let them do what they are interested, but also let them be interested in what they do.

同理，我们对教师职业的兴趣以及兴趣的发展在一定程度上决定了教师个人的成长与发展轨迹。21 世纪的泛笔记本时代为我们泛在

学习提供了多模态化方式，英语教师应运用“泛在学习[1]”之法(do what we are interested)，练“泛笔记→泛思考→泛创新”之功(let us be interested in what we do)，在学语言、学教学、学管理、学技术、学设计、学操作之中不断拓宽兴趣，将扩展的语言知识、教学知识、管理知识、技术知识等在个人成长与发展的过程中内化、提炼、整合、创新、应用，有效促进个人职业素质与综合能力的提高。

三、用艺术之策构筑自身教学设计平台

教学从某种意义上讲可谓“人学”，即教学的对象是人，是处于发展之中、具有可塑性的人。从这个角度看，教学这一富有创造性的工作方式和教学方法就如同艺术，深入了解对象的特点是教师从事教学活动的前提。教学活动过程经过类似艺术创作过程的三个环环相扣、层层深入、相辅相成的基本环节：教学准备、教学设计和教学表达。教学准备是教学的基础和前提，涉及对教学对象的观察和了解，对教材的感知和理解，对教学资料的搜集和整理，等等。教学设计是对教学活动的整体规划和具体安排，包括对教学的重点、难点、方法、教具选择、内容、语言等的计划安排。教学表达是教学活动的主体，是教师通过声音、形符和动姿等多种讯道的立体表达，使教学设计的主要意图充分展现出来，以构成教师教学艺术作品。

在语言实训教学中，教师应遵循教学艺术法则。首先，做到形式与内容的统一：从学习过程讲，形为意先；从学习结果看，形为意用。其次，做到整体与部分的统一：善于把复杂的最终产物分解为按某种顺序达到的组成部分，化整为零，易于操作；再将部分整合成整体，化

① 泛在学习(U-Learning)，顾名思义就是指无时无刻的沟通，无处不在的学习，是一种任何人可以在任何地方、任何时刻获取所需的任何信息的方式。具体到教学实践中，就是任何人可以随地、随时、随便使用手边现成的科技工具来进行学习活动的“4A(anyone，anytime，anywhere，anydevice)学习”。

零为整,把复杂的语言符号系统教学组成统一的整体。第三,做到情感与理智的统一,理智地发挥好情感传染性和情感影响认知的作用。第四,做到共性与个性的统一:共性表现为教师按照共同的教学目标和教学内容等培养学生;个性表现为不同个性特长的教师培养的学生具有不同的个性特长。第五,做到模仿与创造的统一:一方面,教师应学习和继承前人或他人的教学艺术;另一方面,教师应在教学实践中改造创新和发展升华。第六,做到效果和效率的统一,效果落实于教学的质量,优质不但包含教学目的和教学任务完成的程度,还包含教学活动对学生身心发展影响的程度;效率表现为时间和速度,定时低耗。

第四章

英语实践实训课程教学总结

第一节　公共英语实训平台内涵构建的思考

一、公共英语课程设置与建设的基本思路

公共英语课程改革与学生英语应用能力培养的实效性，是英语教师始终思考和十分关注的问题之一。教学问题，不是单纯的课程本身问题，既有教学理念的问题，也有教学方法、教学手段和模式等问题，还有学生自主学习的能力和学习动力等问题。课程改革不是以增加教学内容为目的，也不是以加大课时为手段，而是以提高学生的综合素质和职业能力为根本，以提高学生的就业竞争力和发展潜力为最终目标。因此，教育教学的改革应当从教育教学的各个方面进行宏观的研究和探讨。《教学要求》指出，高职英语课程是培养学生实际应用英语的能力为目标，侧重职场环境下语言交际能力的培养，使学生逐步提高用英语进行交流的能力。同时，高职英语课程要使学生掌握有效的学习方法和策略，培养学生的学习兴趣和自主学习能力，提高学生的综合文化素养和跨文化交际意识，为提升学生的就业竞争力及未来的可持续发展打下必要的基础。鉴于全国各类高等职业院校的教学资源、学生入学水平、专业涉及的职业方向以及所面临的社会需求等有较大差异，公共英语基础课程的设计首先要做到观念的转变与更新——即从教学生学英语会考试到教学生用英语会做事，体系的拆解与重构——即从单一线性结构模块构建到交互并线结构模块构建，内容的改编与整合——即从基础英语知识学习训练到行业英语知识了解应用，技能的分解与重组——即从英语综合水平强化提升到英语特色技能个性发展，方法的改进与创新——

即从教师课内讲授为主到学生自主学习为主。在课程实训创新改革实践环节中,着重开展围绕核心技能的实训模式改革,探索形式上以听、说、记、写为主线、内容上以职场英语为载体、特点上以综合素质能力为核心的实训模式,逐步搭建和完善以师资、课程管理与评价、教学资源等为内容的创新性实训体系,有效提高高职英语人才服务职业岗位的实效性。

二、公共英语课程实训的改革方向及体系构建

公共英语课程实训教学改革的着眼点落在为各专业服务、为各类职业岗位服务、为全体学生发展服务。为此,公共英语课程的公共特质定位在全员性,具体体现在构建课程实训体系中的"抓两头、带中间、三年不断线"。"两头"包括入学基础阶段英语水平的提升和毕业阶段英语技能的强化,"中间"涉及技能引领下的职场英语实训,初步营造用英语开展"专业实训、社会实践、岗位实习"的环境;"三年不断线"则把分散的科研、竞赛、毕业设计、毕业实习、创业设计等项目与英语技能融通,与职业能力衔接,与素质培养整合,搭建学生边做边学、边学边用、边用边做的情景英语实训教学平台。

具体地讲,在第一学年的公共英语课程基础阶段设定两大英语实训模块:A / B级模块培养英语通用知识与能力;英语听说(基础)模块培养听写、听记、听释、模仿、会话、讲解、跨文化交流、行业知识理解等能力。在第二学年的公共英语课程基础阶段设定三大英语实训模块:四、六级模块培养英语通用知识与能力;英语听说(提高)模块培养速录、速记、编译、演讲、辩论、面试等能力;英语写作模块培养通用型应用文、求职简历等的写作能力。第一学年的设计确保在校生达到国家及用人单位对毕业生入职的基本要求,第二学年的设计为提升学生职场竞争力和个性发展潜力奠定基础。此外,在第二至第五学期,以公共选修课的方式分别开设符合学生个性需求和专业

培养目标要求的英语基础知识课程，如英文写作、翻译实务、中级听力等；英语技能课程，如英语模仿、英语速记、英语视听等；英语文化课程，如英美概况、中西文化比较、英美文学等；英语考级课程，如专升本英语、CET 英语、BETS 英语、IELTS 英语、BEC 英语等。与此同时，成立小语种（韩语、日语为主）俱乐部、举办各类英语竞赛（口语、写作、速记等）活动、组织英语实践项目和志愿者活动等。这样的实训教学设计，既兼顾通用性，比如通级水平要求，又着眼于专业性，比如单项技能需要；既要达到通用性评价指标的要求，又要满足学生职业岗位多样性的需求。

三、基于 TA（助教）制公共英语技能实训管理模式与评价的创新

TA 制公共英语技能实训管理模式，是我们给学生搭建的自主管理、自主学习与训练的"工学结合"平台。我们利用早自习和晚自习改进学生的学习习惯，避免英语学习脱离生活和实际工作需要，激活学生英语学习的动机与热情，加强学生对人的服务和对管理的批判性思维的能力。英语专业学生作为 TA 全程服务非英语专业全体学生的早晚自习上机训练、赛训实践。一方面，TA 参与非英语专业学生的实训评价；另一方面，非英语专业全体学生参与对 TA 工作质量的评价。此外，我们初步实践和探索了实训多角度评价，主要包括：(1)多元化评价策略，举办口笔竞赛、模拟国际会议、项目研讨、课题汇报等活动；(2)差异性评价策略，引导学生根据自身的长处或专业领域自主选择不同层次的工作任务、项目、课题；(3)发展性评价策略，从学生个人角度出发，设立逐步增强学生自尊、自信和进取心的工作任务、项目、课题；(4)即时性评价策略，从创造机会角度出发，搭建多次测试平台；(5)自我评价策略，完善学生自我评价指标，提高学生自我分析、自我适应的能力。评价元素中既有近期目标，又有长远

考虑;即注重过程性,又注重发展,达到了有序化和组织化。

TA 制公共英语技能实训管理模式,能够深化公共英语课程发展式管理策略内涵。在课程评估与管理策略中,课程评价发展的趋势之一是课程评价的多维性,这种多维性体现在课程评价不只包括教育内部的主要参与者,如教师、学生、学校管理者、教育行政管理者、教育理论工作者等,还包括教育外部多方面的社会群体。课程不只是教育内部自己的问题,课程发展是否具有代表性,需要多维度观测,需要不同利益群体的主动参与,这样有利于课程建设的广泛性和示范性建设。教育体外群体的参与可以是个体评价、集体评价或背靠背评价,也可以是共同参与评价。这样,既有内部评价又有外部评价,既有独立评价又有共同评价,就可以保证评价的科学性、公正性、有效性和发展性。这对打造品牌课程以及课程服务社会、企业人才培训平台的"再生"起到促进作用。

四、公共英语教师"双师素质"和"外教引进"的相关思考

在公共英语实训中,教师的角色应根据实训的具体形式与不同内容适当予以变换,可以是老师,可以是师傅,可以是项目负责人,可以是单位领导,等等。值得注意的是,公共英语实训教师不再仅仅布置作业或习题,而是派送任务或项目,让学生做事(包括做人),引导学生学会在合适的时间和合适的地点、用合适的方式、合作完成合适的任务,使其在观念、态度、心理、知识、技能等方面符合职业规范和标准。我们知道,"师傅"一词有职业特征的含义,即"对有技艺的人的尊称"。[①] 教师以项目负责人或单位领导的角色带领学生开展英语实训,更有助于帮助学生树立工作态度、规范工作行为。但是教师

① 中国社会科学院语言研究所词典编辑室编:《现代汉语词典. 第 5 版》,商务印书馆,2006 年,第 1229 页。

在实训教学中不能唯实践而实践、唯能力而能力，而要真正实现理论为实践服务、工作过程服务。

在英语实训课程设置、实训项目研发、实训技能的拆解与重构过程中，教师的“双师”特征尤显重要。公共英语课程教师的“双师”素质提高，与专业教师的“双师”素质不完全一样，除了围绕所学专业取得商务英语证书、英语导游证书、英语翻译证书等职业英语资格证书外，还要求教师参与到所授课对象专业的专业调研、基地挂职、毕业生跟踪调查等活动，成为复合型(素质＋英语＋专业)英语教师，避免教师发展弱势化和边缘化，以避免一些常识性错误，如在传播类专业的课程讲授中把著名英文报《卫报》(*Guardian*)译为《园丁》，在商务类课程教学中把“发盘”(offer)这一商务环节译为“提供”、把“承兑”(acceptance)这一支付方式译为“接受”，等等。

另外，语言和文化的变化不是完全同步的。作为国内首例，我们在第二学年由外籍教师承担所有班级的公共英语课堂教学，由中外教师合作完成所有课内外实训。在公共英语课程中引进外教全程全员同台讲授，将起到逐步提高学生文化敏感度，改变学生在用非母语与异文化背景人士的交流中单纯依赖母语文化语用规则来表达自己或理解对方的习惯，增强学生在充分了解对方文化身份的基础上做出判断、站在本民族文化和异文化之上的高度来把握文化现象进行交际的意识，真正掌握什么时候、什么场合讲什么话、对谁讲、怎样讲。从学习效能理论的角度来看，这种体验式教与学的模式在一定程度上提高了公共英语课程实训教学的实用性与实效性。

公共英语教学关系到学生英语技能的真正提高和职业综合能力的有效培养，直接或间接地影响着学生的就业和发展潜力。作为教师，应该正确处理矛盾普遍性与特殊性之间的关系，以公共英语课程建设为契机，进一步深化“高素质、宽基础、专技能、强应用”的具体内涵，因学制宜、因业制宜，不断提高英语人才培养水平。

第二节 英语演讲课程实训环节设计

教师课程理念决定着课程实训的创新设计与实施方法，教师对课程实训过程的管理能力直接影响着课程的效率与实际效果。高职文科院校英语类课程实训更适合采取两种方式：(1)增加学生课外自主训练时数；(2)增加学生课内自主活动频率。这样可以让学生感到他们始终在做事，先有过程、有感性、有体验，即下文将谈到的通过跟读模仿、全程观摩展开课外自训；后有结果、有理性、有分析，即下文将谈到的通过演示与讨论、测试与评价展开课内自教。这种训练模式不仅可以为学生搭建起心理自由的训练平台，营造出一种不受传统束服、敢想敢说敢做、敢于挑战权威的共赢气氛，而且可以为学生构建起心理安全的训练空间，营造出一种没有威胁和指责、想法均受重视、尊敬与激励的和谐氛围。

一、课外自训——课程感性认识与自主体验性训练

(一)多层次、多角度的全真自主跟读模仿体系

“听英语演讲，同步跟读”活动，具体就是同步朗读有声英语演讲作品，但跟读声不要覆盖源声，节奏最多慢半拍，完成反复全真模仿性演讲训练。

值得一提的是演讲模仿模块的测试设计。这一测试主要包括四个步骤：(1)考生将自选材料源声向听众播放，以便听众了解演讲跟读模仿的主要内容；(2)对听众关闭源声，考生通过耳机听取源声，演示无纸化全文跟读；(3)听众根据所听演讲主要内容对考生进行相关

提问；(4)听众和教师对考生进行评价。此外，还可以考虑增加一个步骤——邀请教师与考生 PK，这个步骤是考生自选加分项目，对教师其实也是挑战。

(二)富有竞争与挑战的全程自主监控观摩体系

观摩是英语演讲课程不可忽视的重要训练环节。针对高职文科类院校学生的特点，可以设计几项课程观摩训练途径与管理策略。

1. 多媒体视听材料观摩(1 名学生 1 星期 2—10 个学时)

这是一个自训自教环节。以自训机时票和实训签到记录为管理手段，重点记录训练过程，培养学生养成自主学习习惯。管理策略重点是督促学生坚持做事情的恒心与毅力，使学生体验量的足够积累才有可能促成质的飞跃。

学生在语料库中自选演讲及相关材料完成课外自训，定期上交个人纸质英文观摩笔记，包括以教师要求的记录重点为依据记录观摩内容的要点。出勤登记与学生个人笔记装入学生课程档案袋，由课程学生管理委员会负责，采取班级交叉管理模式，作为学生的平时成绩积分和期终自评依据。

2. 亲临现场观摩校内外比赛(1 名学生 1 学期 1—2 次)

这是一个互训互教环节。活动检测以小组比赛形式展开，学生以口头的方式完成观摩现场感受的陈述，先期可为汉语口头陈述，中后期应为英语口头陈述，管理策略重点是督促学生努力做事情的信心与潜力，使学生体验有效的方法和策略有可能促成量变迅速转化为预期的质变。

根据教学进度，以学生自训与现场表演者强弱点对比与评价为依据开展口头陈述或讨论(辩论)，全体学生对小组陈述或讨论(辩论)效果进行评价，小组总成绩作为该组学生的平时成绩积分和期终互评依据。要求学生参加评价工作的目的是，在教师的指导下培养学生进行思考，进行理论学习、开展理性分析与总结、解决问题的能力。

3. 请名家进校演示或师生 PK 表演(1 名学生 1 学期 1 次)

这是一个师助自教环节,可以作为期末考试。管理策略重点是帮助学生培养有效做事情的雄心与能力,使教师体验学生达到个性化预期的质的飞跃。敢于 PK 名家或教师的学生可以获得一定的奖励积分,教师和学生共同做评委对 PK 表演效果进行评价:教师评价占 70%,学生评价占 30%。评价不仅是等级,还一定要有评语:教师评语侧重于表扬,学生评语侧重于建议。评价体系由课程学生管理委员会参考有关演讲教材和参考资料讨论拟定,并作为期终师评依据。

另外,高职院校英语类课程实训更适合采取两条路径:(1)增加实训自主性选材环节设计;(2)增加实训宽容性测试环节设计。这样可以让学生感到自己在做事中必须始终想事,最后完成一项项技能性工作。

二、课内自教——课程理性认识与自我反思性训练

(一)自主与个性化的全员课程教材自选制

在课程导学课时内,教师为学生列出了十几种有关英语演讲的教材(含视听和网络版),自选教材主要包括四类:全英文类,全中文类,中英对比类,真实案例类。学生根据自己的情况或兴趣爱好,在教师的指导下选择其中 1—2 本书,也可以是一个网站论坛或一套视听教程,作为该课程的主教材。教师在课程导学中告知每个学生教学进度内容,并要求学生实况记录每个星期自己完成任务的情况,该进度表期末交回给教师作为平时成绩积分。也就是说,学生对照教师的教学进度主动完成相应教材的理论学习。在两年的英语演讲课程教学班里,笔者曾选用多种教材,斯蒂芬·卢卡斯(Stephen E. Lucas)的全英版《演讲的艺术》,视听全英版的《英语演讲选评 100

篇》，适合我校学生水平或兴趣爱好的《全国中学生英语演讲比赛决赛(高中组)》、《高职高专实用英语口语大赛》，等等。自训内容更加丰富，有"CCTV杯"、"21st Century"杯等国内主要英语演讲比赛，有名人演讲材料，也有围绕学生同期课程的材料，如《精读》、《英语听力》、《英语口语》等教材和英语类期刊杂志。我们的课堂成了学生展示自选自学教材的舞台。这样，学生培养了自主收集与整理信息的能力，逐步改变了原来的学生等着教师"喂"知识、机械记背理论、把问题答到考试卷上就算完成任务等消极习惯。

(二)宽容与激励性的全员技能测试达标制

学生如果不满意自己做的某个模块测试，可以在课程时限内多次重测。我们给予学生不断重测的机会，目的是激励学生依靠自主训练不断接近测试目标，一次不满意可再三重测，重测有可能使学生得到更好的测试评价。但在每次重测以前，学生要以书面的或口头的方式报告自己上一次测试不满意的原因，如测试发挥失误、训练时数不足、训练技巧或方法不当、解决问题的策略有疏漏、合作训练意识不强等，并说明本次测试预期目标，最后预约重测时间。当然，不可能每一名学生都是英语演讲的全才，他们可以选择自己最喜欢的或最擅长的模块进行重测，单项特别优秀的可以得到奖励积分。另外，在技能训练测试的总评成绩中我们调整了过程性评价与终结性评价的积分比例，即总评成绩 ＝ 实训积分(60%)＋ 奖励积分(20%)＋ 测试积分(20%)。通过种种举措，学生养成了不怕考试的心态，也逐步消灭了突击复习考试的不良习惯。

英语演讲课程实训成为学生的现实与创造性的全员真实性工作任务。我们把英语演讲与学院每学期的学生工作主题与具体任务相结合，围绕校园文化建设及各系实际情况展开。比如，演讲主题包括："我是青院人"、"我以青院荣"、"文明青院之我见"，等等。学生演讲工作任务完成了，该课程的考试就完成了。完成演讲任务流程是：

(1)中、英文信息的收集与整理;(2)英文演讲稿的撰写;(3)英文演讲的表演或比赛;(4)中文演讲课程体验报告。演讲任务评价涵盖三个方面:(1)学生演讲录像评价:由2—3名非课程教师完成评阅,优秀录像与评语上载于校内课程网页;(2)学生英文演讲稿和中文课程体验报告的评价:由2—3名非课程教师完成评阅,优秀者评语与稿件发于校内课程网页;(3)学生演讲现场评价:全班学生、班主任、任课教师共同完成评选,优秀者获课程积分奖励。在这三项评价中名列前茅者,可以获得被推荐参加市级重要比赛的资格。课程体验报告主要围绕三个方面:(1)自选演讲教材的特色与阅读收获或全英文演讲教材的要点翻译;(2)一般演讲理论的整理以及特色演讲理论的学习体会;(3)演讲实训活动案例的理论性分析。

英语演讲实训环节的设计应突出两个基本点:(1)在适度、适用、实用的框架下给予充分的自主,营建学生兴趣、个性、创造性发挥的有效空间,包括自主模仿、自主观摩、自主选材、自主测试、自主评价、自主管理等;(2)在一定的目标限制和一定时限内,师生平等管理实训全过程的每个细节,引导学生一步步走向各自预期的目标。

总之,高职实训环节的设计要把对高职教育教学要求的特点、高职学生自身的特点、高职学校的办学特色和“双师”型教师的专长有机地协调起来,综合发挥作用。

第三节 精品课程英语速记课程建设报告

一、课程设置

北京青年政治学院英语速记课程设立于2004年,发源于英语专业翻译方向，并逐步成为旅游英语、涉外英语秘书等专业必修的技能实训课，现在已经拓展到非英语专业的行业英语教学环节，成为公共选修实训类课程。

2007 年，英语速记课程开始作为北京青年政治学院示范校建设项目目标与任务中“公共技能实训平台建设”的重要组成部分，中英文速录速记技能成为公共英语第三至第四学期“行业英语＋实训教学”计划的补充和延伸。英语速记课程构建了非英语专业从基础阶段英语速记到行业基础知识阶段英语速记再到行业职业阶段英语速记的实训教学体系，从一个新的切入点进一步完善了北京青年政治学院对于公共英语教学“三年不断线”的基本要求。

2008 年，英语速记课程继续结合示范校建设项目中对高职高专公共英语教学改革的创新要求，开始为北京青年政治学院公共事业专业群中的骨干龙头专业如青少年教育、社会工作、法律事务、文秘等打造文科高职英语特色技能，旨在有效提升各专业学生的就业竞争力。

二、教学内容

英语速记课程始终关注培养学生的英语应用能力与相关职业能力。课程的设计构架体现了实践性、开放性和职业性的要求，其视听环境下的主体线性技能训练模块包括听写（机械性速录）、听记（原创性速记）、听释（诠释性速记）、听译（综合性速记）。

在英语视听环境中，听写培训的目标是提高记录词语的速度与拼写的准确率；听记培训的目标是提高记录信息关键词或信号词的数量及其准确率；听释培训的目标是提高诠释相关记录信息的数量与诠释笔记的逻辑结构性；听译培训的目标是提高相关信息笔记编译的速度及与源信息的对应性。

上述线性技能训练融合了三大模块：以英语语言知识为主的基础阶段英语速记，以专业基础知识为主的行业基础知识阶段英语速记，以职业岗位工作为主的行业职业阶段英语速记。通过这类训练，技能实操方式由手写到机打：先为纸质文稿速录速记，后为计算机文本速录速记；由简单到复杂：先为单一媒体下的文本速录速记，后为多媒体下的文本速录速记；由模拟到真题：先为非现场速录速记，后为现场速录速记。

英语速记课程的开发重视与行业企业紧密合作，开展基于工作过程的课程设计。利用校内外各专业实训基地，英语速记课程开展仿真模拟场景的或真题真做工作场景的速录速记实操集训，包括电话接听速记、(非)现场对话速记、(非)现场研讨(会议)速记、(非)现场报告速记以及广播影视作品脚本速记，等等。

英语速记课程，将孤立割裂的技能强化延伸到实用技能以及综合应用能力的适度操练，旨在培养学生成为“英语＋ X 技能”的实操能手；将高职学科专业基础知识与英语记录与笔记技能有机结合，旨在缩短教、学、做的过程中英语与行业的间差距；将模拟实训与各职业岗位有机接轨，旨在培养耳灵、眼明、手快的高级职业人才。英语速记课程从学生完成职业岗位实际工作任务所需要的知识、能力和素质要求出发，选取教学内容，并努力为学生搭建可持续发展的平台。

英语速记课程力求较强的针对性和适用性，这里的“速记”不是传统意义上的速记法(shorthand)，即系统而完整的编码，而是一种富有创造性、想像力、符合语言表达规律的英语速录与笔记记录方法。

考虑到实训对象的知识能力、技能水平、心理发展状态以及学习习惯等因素，英语速记课程注重选取和编制有益于学生职业能力培养和职业素养养成的教学内容和实训项目，其立体化系列教材的出发点都是从培养学生基本的记录笔记习惯入手，借助单元寄语(基础阶段)、专业知识点播(行业阶段)和笔记文件夹(职业阶段)等平台，帮助学生树立工作观念、反思工作过程。同时，英语速记课程实训项目充分考虑学生创业、就业目标的实现，构建“呈现工作任务 → 明确工作任务 → 完成工作任务 → 工作任务评价”的递进结构，努力营造体现生产、建设、管理、服务一线岗位（群）的工作流程与能力要求的实践环境。

英语速记课程的组织与安排遵循学生职业能力培养的基本规律，科学设计学习性工作任务，整合真实工作项目、序化的教、学、做内涵，力争做到实践、实训、实习一体化。英语速记课程实训空间与环境分布广泛：(1)在校内语言训练中心、速录速记工作室、各专业实训室，可以利用语料库、课程软件完成基础模拟演示、模拟场景实操训练与相关测试；(2)校外基地实训以中国社会科学院研究生院国际文化教育中心工作任务、北京人民广播电台外语广播节目、外交学院学术报告、教育部教育报刊社培训中心会议记录等真实工作任务为依托，开展进场或非进场（如实训基地网络互动、连线直播等）的速录速记技能训练；(3)以就业为导向的专业顶岗实习基地包括：北京双雄对外服务公司英国、加拿大、比利时、意大利、印度等签证代理中心（速录训练为主）、英国牛津剑桥国际评估服务有限公司北京代表处（速记训练为主）、北京音像公司（英语音视频资料录制、审读与英语语料编辑为主）等，那里的实训活动任务对接，真题真做；(4)社会活动与科研实践基地：借助世界知识出版社图书中心，高等教育出版社外语出版中心、北京山水堂文化发展中心等搭建的社会实践平台，引领学生参与教师科研工作或大学生科研行动计划，开展与英语速记相关的社会实践活动和科研项目，完成英语速记课程教材的软件素材制作、网络资料编制、论文撰写与发表等。

围绕英语速记课程已出版的实训教材，都是通过与行业企业合作完成的。此外，与教材配套的展示形式更显新颖丰富。人机交互模拟实训与测试软件（单机版和网络版）、相关语料音视频（视听语速调节和视频字幕隐现）、网络教学平台、相关音频语料绘本、实训（实习）项目案例等教学相关资料，不但满足了网络课程教学需要，还与校外行业企业实施了资源共享。

三、教学方法与手段

英语速记课程重视学生在校学习与实际工作的一致性，其教学模式有针对性地以工学交替、任务驱动、项目任务、课堂与实际地点一体化为行动导向。比如，以北京人民广播电台外语广播 Radio 774 节目为主的英语广播直播节目录音文字的记录与整理，以《美国备忘录》等视频资料为主的原版影视资料英文字幕的记录或主要内容笔记整理，等等。

英语速记课程教学中经常穿插阶段性课程教材教学软件资料的速录、速记竞技赛，定期检查学生完成语言训练中心语料库选定资料的实训情况等。

根据英语速记课程内容和学生特点，灵活运用案例分析、分组讨论、角色扮演、启发引导等教学方法，引导学生积极思考、乐于实践，提高教学效果。比如，结合毕业设计案例，对音视频播放中英文字幕进行"识错 PK 赛"；结合教材教学软件，对软件中录入功能进行小组"挑错 PK 赛"；结合教材教学软件测试，开展教师与学生同台技艺比赛；结合网络平台，开展跨年级、跨专业训练体验共享与交流以及"N 个第一次尝试"的活动等。

针对高职院校学生的特点，加强英语速记课堂有效管理，实施前位制（即奖励坐在前排的学生）、自主行动制（即奖励自愿完成实训的学生）、TA 制（即奖励主动挑战真实工作任务的学生）等。

英语速记课程运用现代教育技术和虚拟现实技术，建立虚拟项目、虚拟岗位环境，优化教学过程，提高教学质量和效率，并取得实效。比如，限时录入项目（一般在一周时间内完成）；完成对专业教师有关英语教与学采访的英语音频资料录入；完成英语速记音视频语料文稿编辑与 PPT 演示；虚拟岗位环境训练，完成英语专业论证会外教发言的英文笔记，完成英语演讲比赛现场参赛选手英文演讲内容的笔记(以高职高专英语口语大赛为主),完成北京青年政治学院“奥运志愿者活动”资料汉译英的英文资料文字录入,完成中美俄青少年语言与跨文化认知调查实况录音文稿及交流会议笔记等。

上述活动要求学生按时领取相关任务的音视频光盘,在规定时间内上交全套成果。这些为学生完成毕业设计做好了前期的基础资料准备。

英语速记网络教学资源日趋丰富,构架日趋合理。与课程教学内容紧密相关的电子文字资料、音频资料、视频资料等及时地实施在线。硬件环境能够支撑网络课程的正常运行,并能有效共享。在校园网络平台上搭建的“精品课程”窗口,成为学院课程中心建设的重要组成部分。教授英语速记的教师可以在学校的两个校区直接点播有关电子文字资料、音频资料、视频资料进行课堂教学。此外,学校的语言训练中心、英语速录速记实训室、速记工作室和学院图书馆电子阅览室为在校生提供课外的相关电子文字资料、音频资料、视频资料,为学生开展课外自训提供方便。

四、实践条件

目前校内直接服务英语速记课程的实训空间和设备包括:(1)语言训练中心 2 个,共 70 台电脑。带有模拟操作键盘的速录速记语音教室 2 个,共 80 座。(2)袖珍迷你型速记工作室 2 个,共配有 6 对一对一的电脑+高清壁挂式彩电。(3)各专业共享机房,包括秘书速录机房、法律模拟法庭、教育环影教室及图书馆多媒体阅览室等。(4)音视频语料库,包括以教材为依托的基础语料和模拟训练语料。(5)软件系统平台,包括以教材为依托的基础训练、播放、测试交互软件系统,拓展性训练软件系统如 TellMeMore 等)。

直接服务英语速记课程相关技能训练的校外实训实习基地包括:(1)以训练速录为主的英国、印度、加拿大、比利时、意大利签证代理中心；(2)以训练速记为主的英国牛津剑桥国际评估服务有限公司北京代表处；(3)以训练讲座与报告速记为主的中国社会科学院研究生院国际文化教育中心和外交学院。实习基地设有专人指导实习，开展相关技能的岗位强化培训。

其他涉及英语速记课程部分技能的相关实习基地包括：(1)以英语音视频资料审读与编辑处理为主的北京音像公司；(2)以办理出入境旅游为主的北京市中国旅行社有限公司；(3)以管理涉外物业服务为主的第一太平洋戴维思物业顾问有限公司。

实习基地是课程调研和论证工作的重要合作伙伴，也是课程兼职教师队伍来源和学生实训、顶岗实习的重要场所。从学生的角度出发，我们与实习基地合作的方式包括：基地教师进课堂、基地教师直接指导速记集训、顶岗实习培训与毕业生上岗的考核，实习基地在协助承担课程建设中还适时参与管理，完成调研、督导与课程成果评价等工作。

五、教学效果及社会认可度

从课程建设本身角度看，英语速记课程于2007年被评为北京市精品课程，作为教学成果的主要内容之一，荣获2008年北京市高等教育教学成果一等奖。2008年课程被评为教育部高职高专英语教学指导委员会精品课程。此外，课程教材《实用英语速记基础教程》被列为2007年北京市精品教材建设项目，与“英语听力速记实训系列”教材一起，获得2009年“北京市人才强教深化计划——创新人才”项目的资助。

从课程教师队伍自身角度看，团队师德高尚，治学严谨；执教能力强，教学效果好。课程负责人是北京市第四届高等学校教学名师，其带领的高职英语教学团队被评为“北京青年政治学院优秀教学团队”。此外，英语速记课程的教学设计理念、教学方法与考试方法的改革、教材及软件的建设成果受到了国内高等职业院校英语同行们的广泛关注，课程负责人曾在北京、辽宁、山东、山西等大学英语教育教学改革研讨及教师培训会上做过相关介绍，也在北京英语水平考试各类教师、考官培训中进行演示、实施共享与交流。

从课程教师服务企业的角度看，英语速记课程教师团队与企业联系密切，参与校企合作或相关技术服务项目广泛，并将速记渗透在行业企业中，产生一定的影响，成效显著。

从英语专业毕业生角度看，他们在英语水平证书考试、英语技能证书考试、专升本考试和就业中均体现出一定的竞争优势。毕业生职业发展前景统计、毕业生的追踪调查数据、毕业生就业三年后薪金提升数据、岗位调整等材料显示，越来越多的用人单位普遍对我校英语专业毕业生的动手能力、英语技能水平予以了充分的肯定。越来越多的单位主动上门要求与我校英语系合作，尝试定单式培养。

从非英语专业毕业生角度来看，他们的实训、实习产品（如作为交流资料的绘本、体验报告汇编、参与出版的音视频软件语料素材等），都体现出一定的应用价值。

六、特色与创新

北京青年政治学院英语速记课程是国内高等职业院校中首家创建的一门实训课程，其实训项目体系设计独树一帜。课程搭建了一个基于英语速记基本技能的交互立体的工作空间：(1)英语速记英语音视频语料的文字听写，完成原始性认知记录，打印出语料文稿；(2)英语音视频语料文稿的听记和听释，完成源文稿的笔记诠释与整理，打印出语料笔记；(3)英语音视频语料的文稿听译，完成原始性记录的文稿编译，打印出语料译文；(4)英语音视频语料的译文编辑，完成语料译文的中文摘要（含关键词）撰写；(5)英语音视频语料的同声听读和听打，完成音视频语料英文字幕及跟读音频的制作；(6)英语音视频语料的同期口译，完成音视频语料中文摘要字幕及汉语翻译朗读音频的制作;(7)英语音视频软件的应用与审读,完成审读报告;(8)英语音视频语料的 PPT 演示制作;(9)项目总结演示汇报及体验报告撰写;(10)英语音视频项目成果汇报。这样的项目极具“工学结合”特质,兑现了两个“引领”,即用工作任务引领专业知识的学习与应用,用核心技能引领工作任务的实施与完成。这种基于项目的工作任务,既能帮助学生构建专业知识,又能培养学生的专业技能、工作态度、社会交际能力、工作能力和职业意识。

英语速记课程吸收了国外职业训练的理念,在课程教师研究出国备选人员外语水平考试(BFT)、北京英语水平考试以及剑桥 ESOL 系列考试(BEC、IELTS 等)的基础上,结合参加国外考察、培训、学习的体会和自身中国环境下学习英语的经验,设计了相对本土化的训练方案,使学生自信可以在国外环境运用在国内掌握的英语技能,如用笔记本完成电子听课笔记、整理录音笔记文字等。

七、课程建设规划

英语速记课程建设将按照国家级精品课程建设评价指标体系,五年内逐步落实以下重点资源的上网:(1)完成配齐英语速记行业(教育、社会工作、法律、商务、新闻、文秘、旅游、美术、会计、计算机)基础知识阶段系列纸质实训教材建设和配套软件和行业职业阶段的旅游专业英语视听速记实训教材建设及配套软件;(2)完成上述教材的教师手册、教学课件及示范性课程录像;(3)完成对承接英语速记上述任务的英语教师的相关培训,并撰写与课程相关的教学研究论文;(4)进一步完善现有网络平台,优化现有栏目,包括课程大纲、授课教师、课程简介、电子教材、电子教案、课程音频、课程录像、课程教研、参考资料等,在一定范围内增设答案查询和学生评价的链接窗口;(5)深化和拓展英语速记课程服务在校外企事业单位英语技能培训和社会服务领域。

八、学校的政策支持与措施

北京青年政治学院对精品课程建设高度重视，为精品课程建设搭建了一系列“绿色通道”，出台相关配套文件和具体工作方案，如《北京青年政治学院关于“市级引导教学公用经费支出管理办法(试行)”的实施细则》(院发[2007]45 号)、《北京青年政治学院 2007 年度教学工作评估方案》(院发[2007]60 号)、《2008 年财政年度市级引导教学公用经费支出预算实施方案》(院发[2008]14 号)等。

学院对市级、院级两级精品课程建设的规划和要求予以了明确指示，出台了《北京青年政治学院精品课程建设实施办法(试行)》、《北京青年政治学院精品课程建设经费管理办法(施行)》等措施。学院把精品课程建设与学院教学名师推荐、学科带头人选拔、专业负责人拟定等资格评定相结合，对成功获得院级以上精品课程的课程教学团队予以精神鼓励和比较雄厚的配套项目投资。

第五章

英语实践实训活动项目及学生成果列举

第一节　各类项目列表及说明

一、中国文化、中国景点(北京文化、北京景点)中、英文讲解视频编制系列

1. 项目内容

文化主题或景点选取

讲解词中文文本编写

讲解词文本汉英翻译

讲解词中英文字幕编辑

实地中英文讲解录制(基本要求:英文讲解配英文字幕;创新要求:中文讲解配英文字幕,英文讲解配中文字幕)

实地英语会话录制(会话对象为外国人)

英语对话文本整理

英语对话英汉翻译

实地英语会话字幕编辑

成果播放展示与答辩

中文总结报告

2. 成果应用

上述项目成果中四项成果陆续在国内高职高专英语教师研讨或培训会上展示。

两项成果被评为院级优秀毕业设计,并纳入院级英语实训教学语料库“案例系列”。

表 5.1　北京文化、北京景点中、英文讲解成品目录(限列 5 项)

1	中国节日:端午节
2	南锣鼓巷——古老的胡同文化
3	南锣鼓巷——古香古韵的非物质文化遗产
4	什刹海——名胜小吃、酒吧文化
5	什刹海——酒吧文化

二、英语视听实训软件语料库音视频编制(系列)

1. 项目内容

实训软件素材英文文本选取

实训软件语料英文文本整理

实训软件语料英文文本朗读监制(外教为主,学生辅助)

实训软件语料英文朗读音视频审读与修订(学生为主,外教辅助)

实训软件语料英文文本修订

实训软件语料文本英汉编译(摘要、提纲、关键词)

实训软件语料朗读音视频英汉字幕编辑(基本要求:英文讲解配英文字幕;创新要求:中文摘要讲解配英文字幕,英文朗读配中文摘要字幕)

实训软件语料朗读音视频配图(画中画模式,英文笔记为主)

成果播放展示与答辩(英文)

总结报告(中文)

2. 成果应用

上述项目成果中 45 部陆续收录在《实用英语速记基础教程》、《实用英语视听速记实训教程(旅游专业)》等教材中。

45 部成果均被评为院级优秀毕业设计,并纳入院级英语实训教学语料库“赛训系列”,用于中石化、中海油国际化人才英语培训等项目。

上述项目成果中30部被列入“2011年北京市大学生科学研究与创业行动计划项目”。

表5.2　英语视听实训软件语料库成品目录(限列10项)

1	Adolescence	Teenagers and Internet Safety
2	Social Workers	Help Your Child Building Self-Esteem
3	Introduction to the Judicial System in UK	Your Right to Know: A Historic Movement
4	HRM & PR	Can Outsourcing Work for Small Business?
5	Accounting & Bookkeeping	Who Concerns Accounting?
6	Newspaper Beginnings in America	Differences and Similarities in News Writing
7	Professional Secretarial Job Description	Business Meeting
8	What Is Tourism?	Sustainable Tourism
9	Renaissance	Classification of Chinese Traditional Painting
10	Internet	The Digital Divide

三、精品课程(英语类)、英语技能大赛录像、英语广播节目字幕编配系列

1. 项目内容

精品课程、技能大赛、英语广播节目素材选取

精品课程技能大赛录像、英语广播节目音频英文文本整理

精品课程及技能大赛录像、英语广播节目音频英文文本修订

成果播放展示与英文答辩

中文总结报告

2. 成果应用

上述项目成果中精品课程10部陆续收录在北京市高等学校精品课程“英语速记”的网站 http://www.yysjlq.com/。

英语广播节目录音编辑收录在《英语听力速记训练基础教程》的实训软件中。

技能大赛录像包括“北京市职工职业技能大赛(中英文讲解员比赛)”和“北京市职业院校技能大赛(英语口语比赛)”,被纳入院级英语实训教学语料库“赛训系列”。

表 5.3 精品课程与英语广播节目字幕统配成品目录(限列 5 项)

	精品课程	英语广播节目
1	Unit One: Education	Episode Ten: Driving Test in China
2	Unit Two: Social Work	Episode Nine: Commandment for Drivers in US
3	Unit Three: Law	Episode Eight: Student Drivers in US
4	Unit Four: Business	Episode Seven: Driving Culture
5	Unit Five: Accounting	Episode Six: Dating

四、FAQ 英文电子杂志制作

1. 项目内容

FAQ 素材选取

FAQ 英文文本整理

FAQ 主题图片绘制(含英文关键词,彩色、黑白各一套)

FAQ 英文朗读音频监制(外教与学生对话)

FAQ 英文朗读音频审校与修订

FAQ 绘图与朗读音频合成

FAQ 电子杂志音频与字幕制作

成果播放展示与英文答辩

中文总结报告

2. 成果应用

上述项目全部成果被列入“2010 年北京市大学生科学研究与创

业行动计划项目”,其中第1部收录在《实用英语视听速记实训教程(旅游专业)》的配套软件中,并被评为院级优秀毕业设计,被纳入院级英语实训教学语料库“赛训系列”。

表5.4 应急处理第一部主要内容成品目录(限列5项)

1	Catering
2	Accommodation
3	Transport
4	Entertainment & Shopping
5	Sightseeing

五、行业英语听力速录速记实训与测试题库制作系列

1. 项目内容

英文题库素材选取(音视频为主)

题库试题文本编辑与整理(含音视频文本、参考答案)

题库试题审校与修订

试题入库及试测报告

成果播放展示与英文答辩

中文总结报告

2. 成果应用

上述项目成果被列入“2011年校内实训室建设项目”,被纳入院级英语实训教学语料库“赛训系列”,为2012年全国职业院校相关比赛的培训奠定了基础。

成品目录(限列1套)

图 5.1　英语听力速录速记实训题库主页

图 5.2　英语听力速录速记实训题库编辑试题界面

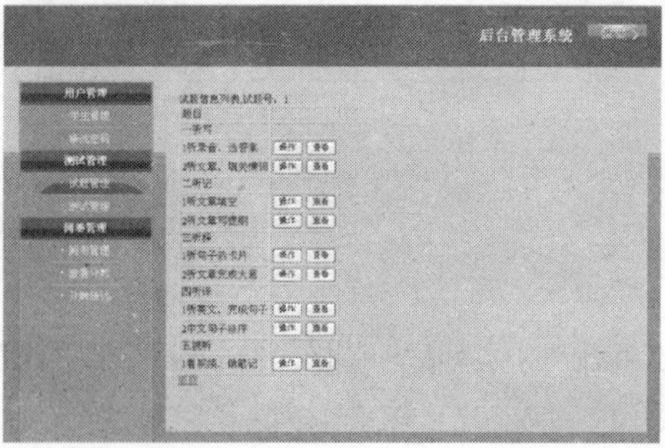

图 5.3　英语听力速录速记实训题库选择试题界面

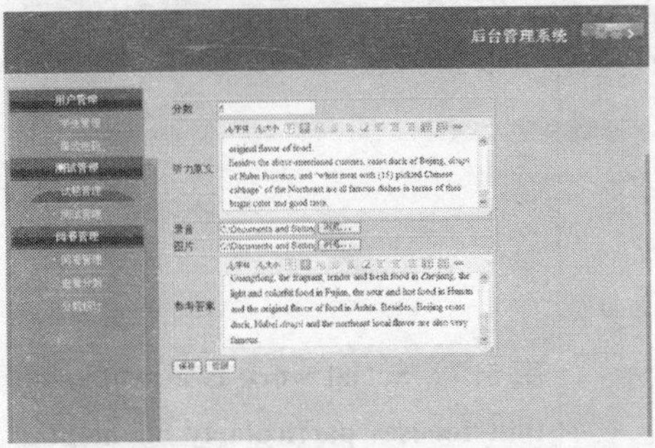

图 5.4　英语听力速录速记实训题库填空试题界面

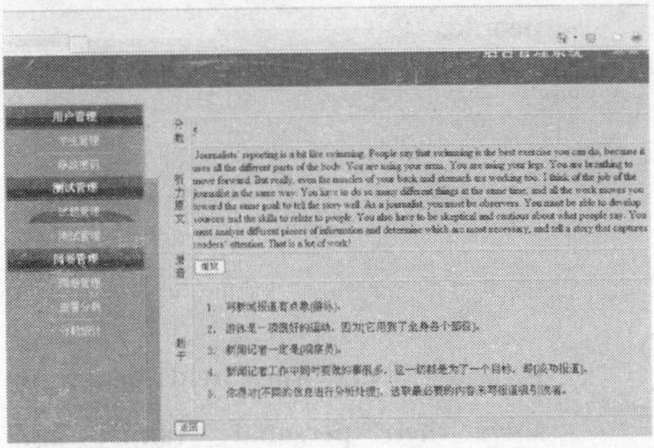

图 5.5　英语听力速录速记实训题库编译试题界面

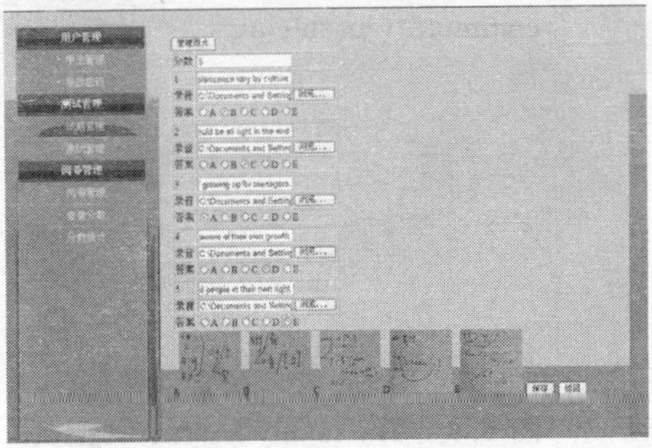

图 5.6　英语听力速录速记实训题库图卡试题界面

以下为语句图卡编辑成果样例：

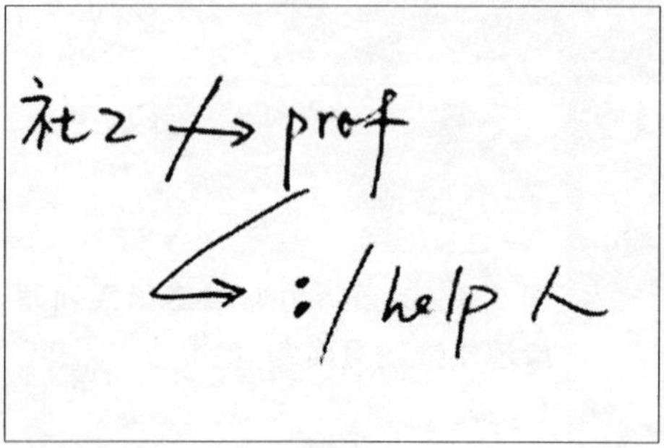

图 5.7　**Social work is a profession that focuses particularly on helping people.**

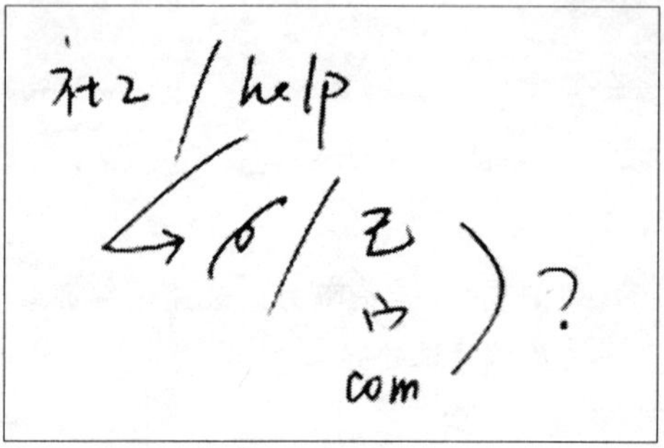

图 5.8　**Social work helps people to solve their personal, family and community problems.**

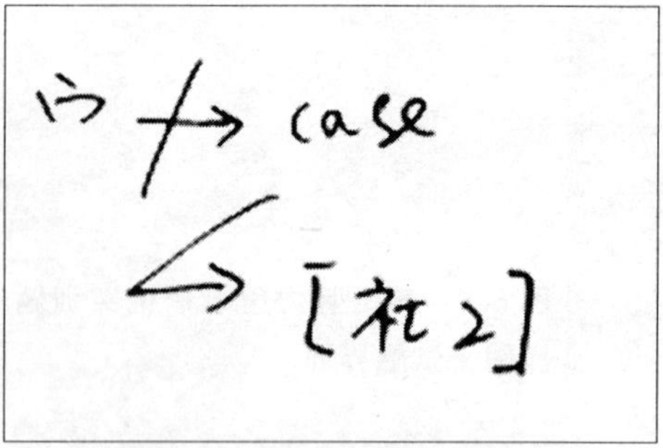

图 5.9　**The family is often regarded as the case in social work.**

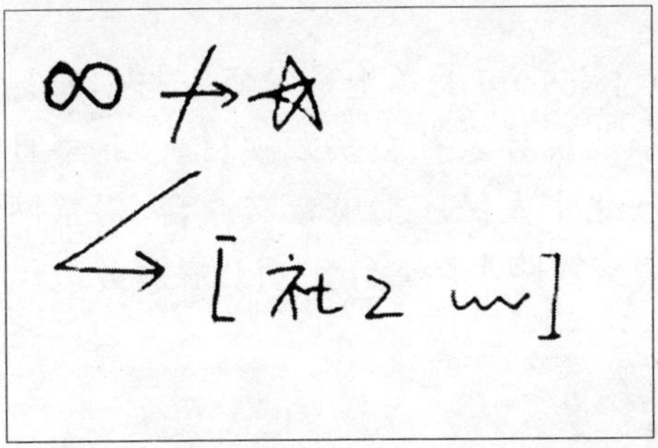

图 5.10　**The relationship is the key in the social work process.**

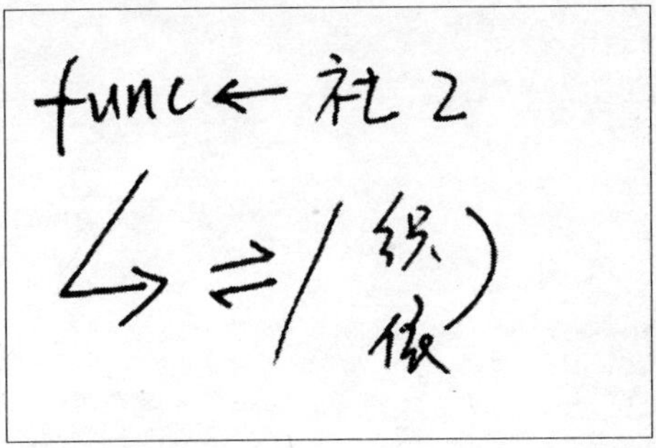

图 5.11　**The basic functions of social work are intertwined and interdependent.**

六、中英韩版公交指南图册制作系列

1. 项目内容

实地调研(含站点英文文字、公交中英语音报站)

素材搜集与整理

中英韩图册文稿编译

彩色图册绘制(含纸质版和电子杂志版)

图册审校与印刷

实地站点服务与宣传

成果播放展示与英文答辩

中文总结报告

2. 成果应用

上述项目成果被列入“2010 年北京市大学生科学研究与创业行动计划项目”，被评为院级优秀毕业设计及社会实践项目。《北京日报》、《北京青年报》、《京华时报》、北京人民广播电台交通台、望京网等有相关报道。与北京市部分公交线路车队合作定期开展服务市民出行的志愿服务活动。

图 5.12 《望京乘车指南》中英韩图册

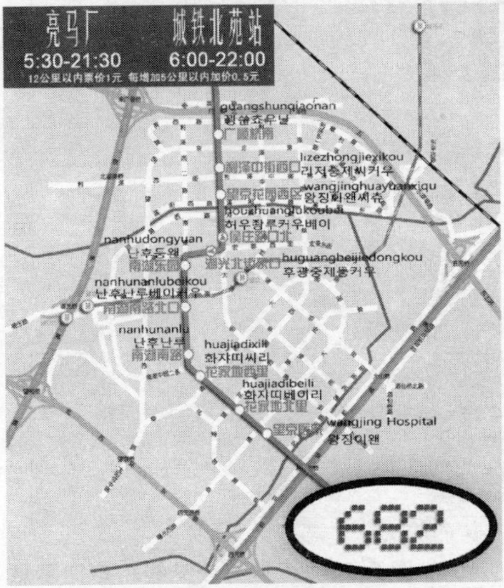

图 5.13　望京公交线路走向示意

图 5.14　《天通苑乘车指南》中英韩图册

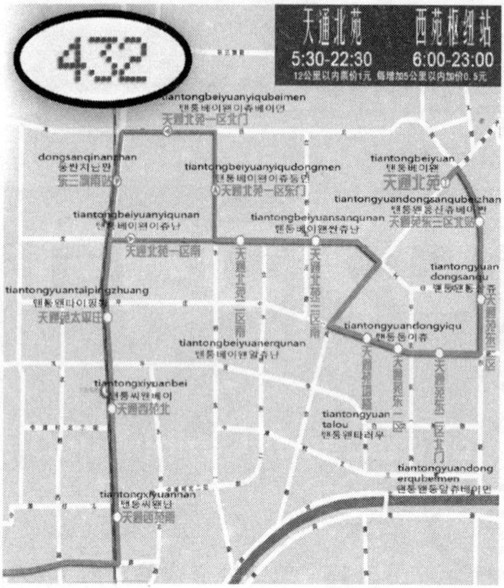

图 5.15　天通苑公交线路走向示意

七、《美国备忘录》视听编译与讲解系列

1. 项目内容

视听素材选取(引进版)

视听英文文本整理

视听文本英汉翻译

视听素材中英文字幕编辑

视听素材中英文讲解(基本要求:英语讲解配英文字幕;创新要求:中文讲解配英文字幕,英语讲解配中文字幕)

成果播放展示与英文答辩

中文总结报告

2. 成果应用

上述项目中四项成果被列入"2009年北京市大学生科学研究与创业行动计划项目"(2010年参加展示)。两项成果被评为院级优秀

毕业设计并纳入院级英语实训教学语料库“案例系列”。

表 5.5　《美国备忘录》视听编译与讲解成品目录(限列 5 项)

1	Eat for Health
2	Education Is Good Business
3	Attitude and Health
4	Animals in Modern Life
5	Arranging a Buffet Supper

八、英语类社会实践与志愿服务项目

1. 项目内容(限列 10 项)

北京市公共英语标识识错活动志愿服务

北京市民讲外语系列公益讲座活动志愿服务

北京市民外语游园会志愿服务

北京英语水平考试测训志愿服务

北京市公交站点志愿服务

北京首都国际机场 T3 航站楼志愿服务

全国高职高专实用英语口语大赛赛会志愿服务

《英语沙龙》杂志国际英语大赛赛会志愿服务

“全能王”英语大赛志愿服务

全国剑桥少儿英语口语大赛赛会服务

2. 成果应用

《北京日报》、《北京晚报》、北京人民广播电台(外语台、交通台)、北京电视台(“北京您早”节目)、中国外语网、新浪网等有相关报道。

图 5.16　北京市民讲外语系列公益讲座活动志愿服务

图 5.17　北京市公交站点志愿服务

图 5.18　北京市职业院校英语口语比赛服务实践

图 5.19　北京市民外语游园会志愿服务

九、各类英语培训与测试服务项目

1. 项目内容(限列 10 项)

北京双雄对外服务公司翻译人才培训与岗前任职测试服务、后备管理干部行政能力与英语能力测试服务、英语风采大赛赛训服务

北京市公园管理中心中英文讲解员赛训服务

北京市自来水集团公司青年职工英语演讲赛训服务

北京市东城区人民政府“数字东城”英文网站翻译服务

北京市科委驻外后备干部选拔翻译测试服务

北京市顺义区人民政府国际化管理人才英语培训服务

广西柳州市人民政府国际化管理人才英语培训服务

中国海洋石油工程股份有限公司国际化人才在线英语自主实训服务

北京英语水平考试口语考官培训服务

职业院校英语骨干教师教学与管理培训服务

2. 成果应用

“中国海洋石油工程股份有限公司国际化人才在线英语自主实训服务”是中国社会科学院研究生院国际文化教育中心项目。

“北京英语水平考试口语考官培训服务”是北京市教育考试院社

会考试办公室项目。

图 5.20　北京市东城区人民政府"数字东城"英文网站翻译服务

图 5.21　北京双雄对外服务公司翻译人才培训项目

图 5.22　中国海洋石油工程股份有限公司国际化人才在线英语自主实训服务

图 5.23　北京市职工职业技能大赛公园讲解员培训项目

十、学生社会调研、实训课程探究类实践项目

1. 项目内容(限列 10 项)

北京望京地区公共交通基本情况调查

中美俄青少年对中国文化与习俗了解的调研

境外旅游目的地国旅游景点知识讲解需求调查

北京地区旅游英语人才基本技能需求调查

北京地区出入境行业英语人才核心能力需求调查

北京地区各类英语考试基本信息调研

英语速记课程实训软件试测及应用情况调查

大学生英语听力心态及基本习惯调查

英语速记、英语听力课程体验报告

青青绘本馆创业项目设计

2. 成果应用

北京望京地区公共交通基本情况调查成果收录在北京《市民公交指南图册》。

图 5.24　北京青年政治学院在校生参加北京市大学生创业设计大赛

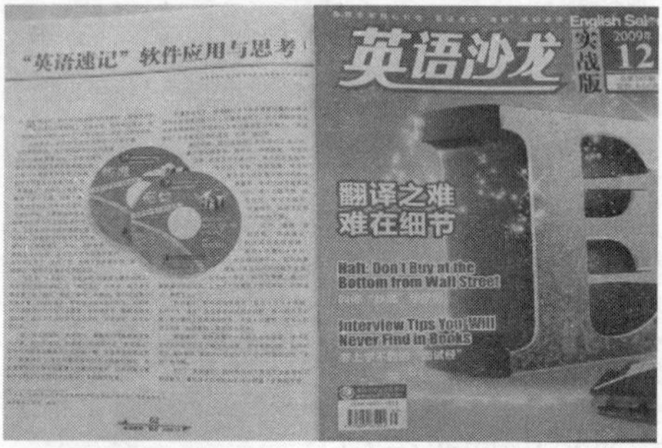

图 5.25　北京青年政治学院学生论文发表在《英语沙龙》

图 5.26　北京青年政治学院学生开展跨文化交流实践

图 5.27　北京青年政治学院学生完成的课程总结汇编

第二节　学生成果选编①

一、听力模仿自主实训管理(节选)

2011—2012 学年第二学期英语听力课程
模仿实训项目方案(学生版)

模仿跟读展示(IMITATION)　　4 月 4 日—4 月 11 日

(1)以小组为单位(自愿组合,每小组 4 名学生,设小组长 1 名),完成所抽选单元的全员参与的跟读模仿(非现场录音)。

(2)4 月 11 日(截止时间)全组提交一套听力模仿跟读实况录音的文件夹(文件夹名应为 4 名小组成员的中文姓名全名和单元序号),每个文件夹里累计 4 个音频文本(每个成员 1 个音频文本,文件名以完成录音学生的中文姓名全名命名)。注意保证录

① 本节内容都出自北京青年政治学院在校学生的实践实训活动,原汁原味地体现了学生自主参与和自主管理的实训过程。虽然很多方面都不够优秀、不够完善、不够全面,但真实反映了学生实践实训的过程和心得,仅供读者参考。

音质量：录音完整（开始用英语报姓名和内容，结尾用英语示意结束）、录音效果（听得见跟读声、背景安静）。

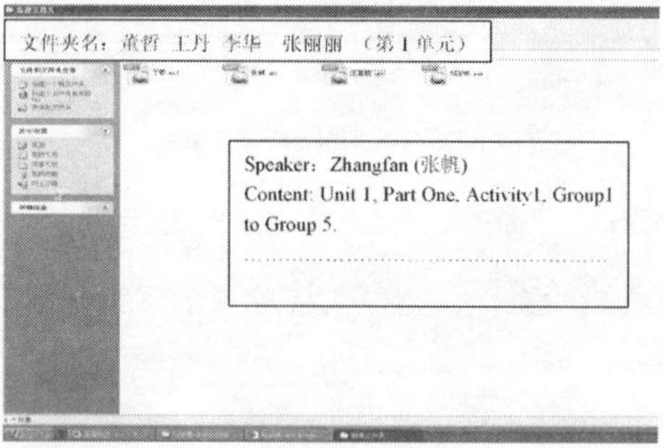

(3)实训汇报：采用 WORD 格式，汉字 1500 以上，文件名为“实训汇报”。内容应包括小组成员实训的组织和实施过程描述（训练时间和地点、实训时长与实效、成员沟通与合作方式等）、实训中遇到的困难及解决对策（知识性内容、技能性内容）、收获和差距、意见和建议，等等。

(4)评价与展示：按时按规范要求提交实训成品，成绩记为“合格”(60%)。合格以上的评价要素由全体学生讨论，由学习委员汇总提交并公示。由 10 名学生 TA 和任课教师组成的实训考核小组完成评价，优秀者成果挂网展示交流。

听力模仿跟读实训项目组
2012 年 4 月 1 日

2008—2009 学年第一学期
英语模仿实训方案(学生版)

实训班级

2008 旅游英语专业

学生人数

45 名

实训时限

11—12 月

实训成品

(1)英语视频片段模仿录像(DVD 光盘)

(2)英语模仿课程体验报告(45 份,中文)

实训内容

(1)英语视频片段模仿跟读(1 组 1 个片断 5—8 分钟,全英文):学生自选英语视频资料(1 组 1 个片段,不可重复同一片段),以小组(5 人)为单位完成模仿跟读的演示。各组以抽签方式获取现场模仿演示排序。

序　号	1	2	3	4	5	6	7	8	9
组　长									
时　间									
成　绩									

(2)自听英语音频模仿跟读(1 组 1 个单元,全英文):以指导教师指定的音频资料范围内容为主,学生以小组(5 人)为单位自主拟定某一单元完成音频模仿跟读任务。

单　元	1	2	3	4	5	6	7	8	9	10
组　长										
时　间										
成　绩										

(3)英语模仿实训体验报告(1 名学生 1 份):学生就模仿实训课程学习和训练的体会、收获及建议撰写总结,并按时(12 月 29 日前)上交打印完整的中文体验报告(用 A4 纸打印,1000 字以上,标题黑体加粗,正文 5 号宋体)。电子版以学生的完整学号和中文姓名为文件名,发送到项目负责人信箱,发送主题同文件名,以免按垃圾邮件处理。

成绩评定

(1)自听英语音频模仿跟读(50%):学生评价占60%,教师评价占40%。

(2)英语视频片段模仿跟读(40%):学生评价占60%,教师评价占40%。

(3)英语模仿实训体验报告(10%):完成报告占40%,完成质量占60%,由学生组长、班干部、教师共同评价。

(4)奖励项目:参与组织视频模仿考试(包括考试节目编排、现场布置、现场主持及相关宣传报导等)者,奖励5分;协助按时完成实训体验报告汇编工作(包括搜集整理、编目翻译、校对排版)者,奖励5分。

英语模仿实训项目组
2008年10月31日

2011—2012学年第二学期英语听力课程模仿实训项目方案(学生版)

项目名称

英文歌曲填词及模仿演唱PK(以宿舍为单位,设小组长1名)

项目时限

2012年5月2—30日

项目材料

学生自选,包括民歌金曲、流行金曲、音乐剧金曲、电影金曲、乡村民谣金曲,但是不含摇滚歌曲。

项目成果

(1)英语歌曲视听成品1件(每组1件,无答案显示,文件名为"1")。

(2)歌曲背景资料1份(涉及作者、歌手、歌词、歌曲创作轶事等,PPT格式,文件名为"2")。

(3)试题编辑资料1份(包括试题、试题制作说明、参考答案等，WORD格式，文件名为“3”。

(4)小组实训报告1份(每组1份，WORD格式，文件名为“4”。

项目要求

完成英文歌曲视听成品1件

(1)英文字幕在图像(片)正下方非动态同步播放。

(2)英文字幕大小、字号、字体等根据音视频时长自主选定。

(3)保留源声。

(5)文件夹名：以小组为单位上交光盘，以小组成员中文姓名命名文件夹。

(6)组长负责领取空白DVD光盘(每组1张)和上交成品光盘。

格 式	要 求
音频存储	数字化音频的采样频率不低于KHZ。
	量化位数大于为8位。
	声道数为双声道。
	存储格式为WAV、MP3、MIDI或流式音频格式。
	数字化音频采用WAV格式为主。
	英语源声正常语速。
	音频播放流畅。
视频存储	存储格式为AVI格式、MPEG格式或流式媒体格式之一。
	视频类素材中的音频与视频图像有良好的同步。
	视频原版正常语速。
	视频播放流畅
音视频播放	能够支持Windows Media Player或者RealPlayer等常见媒体播放器，用户可对音视频实现播放、暂停、停止、跳跃等功能。

项目考核：1.按时按要求提交实训成品，成绩记为“合格”(60%)。

2.学生评价50%；教师评价50%。

英语听力模仿歌曲测试与表演评价表(1 班)

宿舍编号	各组总分	试题文本设计及效果			视频播放展示效果			听力模仿歌曲表演实训汇报效果				突出贡献组员姓名
		满分 30 分(每项 10 分)			满分 30 分(每项 10 分)			满分 40 分(每项 10 分)				建议个人加分:3—5 分
		提交规范性	语言准确性	文本效果	提交规范性	试题英文字幕效果	画面效果创意效果	声音效果	英语效果	模仿相似度	实训汇报	4 人以下组推荐 1 名 5 人以上组推荐 2 名

评分组宿舍号及成员签名:

英语听力模仿实训项目组

2012 年 6 月 1 日

二、因为挑战，所以进步

提起毕业设计，毕业生一族大都很不情愿去做，因为它很枯燥、很乏味，没有一点能够让人提起兴趣。和很多人一样，开始的时候我也很反感毕业设计。但是没有办法，那是必须要做的事情。我是怀着凑合的心态开始我的毕业设计的。

我的毕业设计是关于英语速记课程的，当时我负责的是课程视频的非线性编辑。这让我很高兴，因为毕竟动态的东西比静态的更容易吸引人。而且，这项工作不仅考验我的计算机水平，同时对我的英语听力也是极大的考验。

耐心坚持

我一向比较好动，通常是坐不住的。但是，编辑工作要求我有足够的耐心。因为首先要把精品课程教师授课的音视频内容转成文字版材料。这跟我们经常做的听写有几分相似，就是把自己听到的信息写在纸上。有时候，听到不清楚的地方就会烦躁，不想再做下去了……这样下来，常常半天的功夫都没听几分钟的音频。那时候就会产生一种想法——那些制片编辑实在是太辛苦了！这时候想想“坚持就是胜利”，就会有动力，继续做下去。

听力挑战

汉语是我们的母语。一般情况下，我们完成一些速记并不是一件很难的事情。但是作为第二语言的英语，一般我们可以听懂说话人的意思，但很难听清楚说话人语句中的每一个单词，这就是对我的一个考验。为了锻炼自己的英语听力，我就去听一些音频资料，去跟读和模仿，希望这些努力能够对自己的毕业设计有所帮助。经过一段时间的训练，我发现自己听英语音频的时候不像开始的时候那么吃力了，而且渐渐提起了兴趣，感觉也越来越好。

合作愉快

向来喜欢独来独往的我一直认为,凭自己的实力就可以把任何事做好。但是,这次的毕业设计让我真正体会到合作的妙处:合作可以使一个人的力量翻倍,可以使一项工作高效率地完成。

一个人的力量永远是有限的,就像古语说的,一只筷子很容易折断,而一把筷子就很难折断。通常,我们在做事的时候,如果只有一个人,就很容易走入误区,思想也很容易偏激狭隘;而当几个人在一起的时候,我们考虑问题会比较周全。而且通常在做事的时候,能学到彼此做事的优点,吸取优点,改正缺点,更有利于个人自身素质的提高。当我们两个人合作听英语音频的时候,我发现工作效率会比一个人听的时候高很多。一方面,一个人听的时候很容易走神。听不清就重来,周而复始地听,自己很容易变得烦躁;如果两个人一起听,就可以对照两个人的结果,听一遍后复核一下就可以了。另一方面,两个人分工明确,增加效率,而且听的过程也是彼此相互学习的过程。

点滴收获

有时候为了提高打字速度,我由原来的用手写记录英语音频内容改为用计算机记录。开始的时候可能速度跟不上,但是只要坚持就一定有效果,而且不会觉得烦躁。相反,会有一种乐在其中的兴奋。虽然,这个过程中会出现很多情绪化的东西,而且有时候真的有放弃的冲动,或者简单了事的念头,但是当心中有信念的时候就不会放弃。

有一次,教师把我做的初稿在班里向同学展示。当时,我心中有一种被鼓励、被赞许的感觉。觉得自己之前的一切努力都是值得的,那种发自心底的喜悦让我有了更大的动力,并争取做到更好。

好像是感觉好的时候什么事情都能够做得很好。那段时间，我要参加六级考试，还有 BETS－3，都没有时间去完成设计。但是，结果出来的时候却让我惊喜。就像一位名人说的，当你感觉好的时候，就会有一种强大的力量支持你，越走越远，路途也会很坦荡，所谓的心想事成，也许就是这样的吧。心里永远想这项工作会给你带来无尽的好处，会让你收获更多，前提是你要忍受孤独和寂寞。

电脑技术

可能光是听英语录音并没有什么太大的挑战，但我的工作还要将整理出来的英文文字内容输入精品课录像的视频，与声音画面同步出现。与图像合成就是锻炼我们非限编方面的能力了。不过，作为当代的大学生，这些是我们应该涉及的领域。信息化时代，多媒体就显得更为重要了。起初先要学软件应用，掌握每个步骤，以保证后面工作的顺利进行。学的时候会发现，老师教的时候觉得挺简单的，好像容易操作，但是实际自己操作的时候会遇到很多实际问题。再去问老师，再一步一步学，结果就会发现自己浪费了很多时间。其实如果自己在学完之后立即在教师的指导下实操一遍，就会好很多。这让我学到一定要虚心、要认真，不能马马虎虎就完事。英文字幕的输入是一个细活，几分几秒间说的哪句话，你都要分得特别清楚，逐字逐句地进行录入，这就更需要有耐心和细心。有时候会因为自己动作慢了一步，而使得整体效果看起来不协调。每一个完美的作品背后都会有不为人知的一面，那些只有付出的人才会了解。通过这些实训，真正成长的是我们自己。不论是做事的态度还是方式，都是在不断的锻炼和学习中逐步完善的。

能力是在不断的实践中锻炼出来的，没有人天生就会做什么事，你想要有多强的能力就要经受无数的考验。只有吃得苦中苦，才能为人上人。

2006 级旅游英语专业，程晓芳

三、弥补不足，提升自己

做毕业设计给我最大的感受是需要细心和耐心。拿到一个音视频后，首先要做的事就是要把视频全部浏览一遍，做一个大概的了解，然后再进行细节性的揣摩，要一句一句反复地听。听懂了不是目的，重要的是及时地记录下来，这时就需要耳朵与手的默契配合。在听懂的前提之下，手一定要快速地记录，这一点要特别感谢英语速记课程带给我们的财富。值得注意的是，一定要集中注意力，只有这样才能够特别有效率地把任务完成，这就需要我们有耐心，因为一段视频大概是一个小时，一句一句地听，不是听一遍就能够完全记录下来的，所以即使效率很高，也需要三四个小时才能完成。遇到听不懂的地方就要反复地听，如果实在听不出来，就得根据视频的情景、语言环境猜想一下，这也是我在学习英语速记课程时获得的经验。如果这样还是听不懂，就需要搭档帮忙了，做好记录甚至精确到几分几秒。重视细节上能够帮助你获得更多，等整个视频都大概听出时，就要与你的合作伙伴交换进行找错和改错。然后再进行电子版形式的更改，认真检查语法与拼写错误，将最终版交给教师审核。

之所以要做成电子版，是为了下一步作字幕录入工作准备的。这是一个非常有挑战性的技术问题，真正考验了我们的计算机操作水平。首先，我们要将英文字幕通过字幕制作软件输入视频，这是一个极需要耐心的工作。因为每句话的首尾单词切入的时间都要计算好，而且重要的是耳朵要听音，听准了是在哪里停下，就这样一句一句地将听出来的英文句子输入到屏幕下方。一开始，由于我们的技术不熟练，出现了好多失误。我们都想放弃了，可是任务还要继续，我们只能尽力做到细心细心再细心一点。最终我们的错误越来越少了，技术也越来越熟练了。事实上，如果我们能彻底掌握这些制作视频，添加英文字幕的技术，就意味着我们具备制作电影的资质了。所以很感谢毕业设计给我带来的巨大财富，因为这门技术的掌握让我感到的不仅仅是自豪，更多的是丰收的喜悦！

首期的工作完成以后，我们接着对音视频的章节进行整理。我负责的工作是美术、计算机学科内容。首先，我们对文本进行查错，这也需要极大的耐心，因为我们不能放过任何一个细节或者说蛛丝马迹。所有的单词、语法查错都结束以后，就是开始整理文本。从单词拼写到文章的注释，我们都得重新排版。调整的标准是力求文档在视觉上达到最佳，这个不仅需要耐心，还需要我们有很好的审美观，创造力等等，这项工作无疑是对我们综合能力的一种挑战。记得我和我的搭档每天晚上都要做到很晚，虽然这个工作不是很困难，但是花费的时间确实很多。但是我们谁都没有抱怨，因为我们每天都在进步，看着我们的成果，这是对我们最大的安慰。

文本内容的改正工作都竣工以后，接着我们就要进行我们的产品展示了。换句话说，就是我们要把成果变成 PDF 格式然后再挂到网上。这又是计算机技术方面的挑战，面对困难我们不是退缩，而是求助，于是，在教师的帮助下，我们学到了什么是 PDF 格式，如何将材料挂到网络上面，让更多的学习者了解速记这门课。

在制作过程当中，我感受最深的就是时间虽然很紧张，但是过得很充实，因为我们没有浪费一点时间，因为我们的知识增长了，我们的见识丰富了。也因为我们选择了挑战，挑战我们的速记能力，挑战我们的计算机水平，挑战我们与人打交道的能力等等。毕业设计让我们在各个方面都得到了提升。不过我们在制作过程中也出现了很多不足，暴露出我们的缺点。在制作过程中，我们发现我们还是不够细心。以为做得很好的成果，拿给教师检查的时候，还是会出现好多的错误。我们也不够耐心，做多的时候和做累的时候我们还是很烦躁，所以我觉得我们还得继续提升自己，弥补自己的不足，使自己更完美！

2006级旅游英语专业，顾继红

四、实践是检验真理的标准

在本次的调研工作中，我首先针对英语速记和计算机两个领域的首次结合所推出的“英语速记”实训软件操作进行了亲身的体验。然后总结出系统的优点和现存的问题，最后对这一研究成果提出自己的建议。我的主体思路是来源于“实践是检验真理的唯一标准”这一哲学原理。所以在本次的调研过程中，我始终坚持让所有的使用数据和理论根据都有可循的科学依据。在这一基础之上，我通过亲自实践、体验该系统涉及的所有内容，经过客观理解和统筹分析，最终得到一系列较为真实、客观、可信的科学数据资料，最后对这些数据资料进行理论的系统分析。综上所述，我的设计思路可以概括如下：

首先是作为使用者对该系统进行真实的体验这一环节。在这个环节中，我对所负责的考试系统和播放系统都一一进行了体验，做到了数据来源的可靠性。

其次是在使用过后，将遇到的问题进行合理有效的划分、总结。在这一环节中，我对所遇到的所有问题都一一进行了归纳和总结，做到了数据的统计无遗漏。

第三是在统计工作结束以后，我对出现各种问题的原因进行了分析。我在分析过程中始终坚持客观这一原则，保证了分析结果的真实性。

第四是对该研究进行书面的解说和陈述。

经过了很长时间的准备、实践、分析、总结等过程，我对研究一个课题要经过的几个重要环节有了感性的认知，并在实际的操作过程中使自己各方面的能力得到了提高。结束本次的调查研究工作后，我总结自己曾做过的种种工作，发现这次的工作已经不再是一次简简单单的研究而已，它所带给我的更多的是性格的磨练，是独立思考的锻炼，是一个人独自完成一项研究的胆识和体验。

首先，在进行系统体验的环节时，我要亲自对一本书，两套系统进行逐一的实践、记录、总结。工作结束后，我不免想起小时候常听到的那些著名的科学家在探索人类未知世界时经历的种种磨难、失败、寂寞、孤独。看着在我手中翻过的一页页书籍，训练过的一个个单元，也似乎真的地体验到一些道理。那就是想要做一项调研工作，采集数据是非常辛苦的。这一工作也培养了我做事情踏踏实实、一步一个脚印的工作态度，在前进的路上我们走楼梯确实比走电梯来得踏实，这是我最深的感悟。

其次，在一开始的研究过程中，由于我之前从未参与过类似的研究工作，所以在最开始的环节中也出现了一些问题。比如，不知道如何开始准备，不知道从哪里找数据做研究等。但是，我并没有把这些问题都留给我的指导教师，而是自己试着先来想解决的办法。等到自己有了一些思路后，再和指导教师交流，最后确定方向。当遇到问题时，我们要提出问题，但是我们更要勇于去挑战问题，我认为这是我在以后的工作中都要注意的问题，而这个道理是我在本次的调研工作中总结得来的。

第三，任何一项工作的完成都会增加我们对这一工作的深度和细节的体会。当我完成这项研究的时候，我会有一种感叹：

我完成了,真的是我完成的,我和研究这个词从此就不再是陌生人了!我相信,有了第一次的尝试,我在以后的任何调研工作中都会有自己独立的思考方式,对于调研这一工作也会有准确的把握。毫无疑问,这些都使得我对调研工作有了新的认识。

最后,我认为,这种形式的英语学习和实训方式可以推荐给更多的人使用。尽管在系统的研发过程中,存在一些小错误或失误。但是,我相信,细心的校对是可以避免这些错误的出现的,也相信编者能将这样一本好的英语学习素材做得更好!

"英语速记"实训软件设计及应用情况调研分析报告

《英语听力速记基础训练教程》的问世标志着英语专业课程中听力、速记、翻译等专业基础技能与计算机技术应用领域的有机结合。因此,与《教程》配套推出的"英语听力速记实训软件系统"也备受我们关注。

在使用该软件系统进行学习的过程中,我对该系统中考试系统以及播放系统两方面的设置非常满意,并认为这样的设置十分有助于使用者尽快提高英语听力速记的技能。现将该系统的优点总结如下:

一、该系统依托教材的内容,将英语听力速记的切入点放在了词汇实训上,并对词汇进行了有效的分类

众所周知,英语在学习的过程中最小的单位是词素。但是,这个单位我们在实际听力速记的过程中很少应用,因而词汇就自然而然成了每一个想要提高英语听力速记技能的学习者所面临的首要问题。而《教程》恰恰有效地解决了这一问题,在第1~6单元中围绕词法基础知识展开听写速记实训,主要内容包括名词、形容词与副词、数词、代词、介词与连词、动词等,可以说是涵盖了我们英语学习过程中的主要词性。而每一单元中的单词举例也是尽可能做到涵盖面积更广,这样的考虑让使用者不仅能

够对各种词性有更为深刻的认识，更让使用者对可能出现在生活中其他方面的词汇有了一定的了解，有助于提高使用者的综合技能。

另外，我们在使用该系统的时候不难发现，在词汇分组过程中，每一组单词的分类都是有一定科学道理的，它们或是属于交通工具一类，或是属于运动一类，或是属于情感一类，这样的设置更能体现出设计者的用心。

二、该系统始终遵循循序渐进的原则，重在逐步提高使用者的综合技能，稳扎稳打

纵观整个系统我们不难看出，整个系统的设置是遵循了这一原则的，每个单元的内容安排都是从词法过渡到句法。

首先，系统整体设置合理。就整个系统来看，本系统共可划分为两个阶段：第一、第一单元至第六单元为词法阶段实训。第二、第七单元至第十单元为句法阶段实训。前面我们已经分析了词法在速记工作中的重要性，下面我们来分析一下句法在整个英语速记中的重要性。打个比方来看，每一个词就像是一个个等待被穿起的珍珠，而时态、语态、非谓语动词、各类从句与倒装句就像是一个绳子可以把一个个珍珠串连起来。由此可见，句法在听力速记环节中也同样起着举足轻重的作用。而该系统正是这样由词法开始，结束于句法。使得整个系统中的各个单元之间并不脱节。

其次，就每一个单元来看，该系统也遵循着这一原则。每一单元均以基本速录开始，而后进入语义的速记，之后便是整篇文章的大意理解，关键词速记。这样围绕一个主题层层展开，不仅有助于强化单元所学，而且有助于提高使用者多方面的速记技能。

三、练习有章法，有中心

细心的使用者不难发现，该系统的每一个单元的 part 4 部分都是围绕句子结构主题而设计的。比如第一单元的 time. 第二单元的 space. 第三单元的 process. 等等。仔细思考来看，每一个

主题的设置不是随心所欲的。时间，空间，举例，这些在速记的过程中是很常见的结构形式，对常出现的问题进行集中实训，不失为一个快速提高速记的好方法。

四、屏幕显示动态模拟键盘，有助于提高速记的速度

我认为在计算机上实现听力速记除了对英语的基本功有要求以外，对计算机的操作也是有一定的要求的。在练习中英文打字的时候，除了要选择好一个适合自己的输入方式，还要熟悉键盘，做到能够盲打，这才是提高速记速度的关键。在本系统中，我特别注意到了这一点——屏幕上有和电脑键盘对应的动态模拟小键盘，而且使用者在大键盘上所有的操作都可以在小键盘上同步显示出来，长时间的实训就可以提高使用者对键盘的了解。

五、设置时间显示

考试系统，不同于练习系统的地方就在于，它对时间是有要求的。在屏幕上有小钟表，时刻提醒测试者时间的使用情况和剩余情况，可以起到有效的督促记录速度的作用。同时时间的设置可以增加测试者的现场感，让使用者在使用该系统的时候就可以体会到现场速记的紧张氛围。

六、设置成绩分析原因

在每一次的测试结束后系统都会用：good，pass，fail 等词对每次的考试做出评价。并给出可能出现该种情况的原因描述，用来帮助使用者找出错误所在，尽快提高英语听力速记速度和准确性。这样的系统安排让使用者觉得自己购买的不仅仅是一本书，一个实训系统，更是一位全程跟踪督促实训的指导教师。

由于这是我们和教师第一次研发的软件，所以在某些方面还存在着一些错误或问题以及不合理之处，现将我发现的问题和一些意见总结如下：

一、读音纠正

本系统中绝大多数的读音都很清晰，准确。但有的读音问题是在后期制作过程中出现的，比如在剪切的时候多剪切了一

些单词，或是系统在设置的时候对这一部分没有设置读音。

系统中有关读音问题列表如下：

Unit1	Part1	Activity2	Group2	A photographer 读音有问题
	Part3	keys	Transcript	倒数第二行“outside this lady’s room”的读音与原文不符。原文“outside the lady’s room”
	Part4	Activity1	12	To begin with 的读音后面有“13”的读音出现
		Activity2	1 句	没有读音
Unit2	Part1	Activity2	Group2	kind 前有录音杂音
		Activity3	Group2	no other than 读音有漏读
	Part4	Activity2	1 句	没有读音
	Part5	Activity2	题干	未读后一句“there…”
Unit3	Part2	Activity3	1 句	第一句读完后又读了下一句的“two there are already”
	Part4	Activity2	1 句	没有读音
Unit4	Part4	Activity2	1 句	没有读音
Unit5	Part4	Activity2	1 句	没有读音
Unit6	Part4	Activity2	1 句	没有读音
Unit7	Part4	Activity2	1 句	没有读音
Unit8	Part4	Activity2	1 句	没有读音
Unit9	Part4	Activity2	1 句	没有读音
Unit10	Part4	Activity2	1 句	没有读音

二、重复

该系统在使用的过程中，有几处重复和单词位置安排欠妥之处。我认为如果单词重复出现时单词的词性和作用没有发生变化，或在句子中承担的成分都是一样的，可以改用其他的单词。另外，在单词的位置放置方面我认为也应该尽量将同一组词放在一起，方便集中练习。

先将发现并建议更改的重复问题列表如下：

Unit1	Part1	Activity3	Group2	Emergence Deparrtement 位置调换至 Parking lot 前
Unit5	Part1	Activity1	Group2	along with 重复一次

三、屏幕显示错误及答案错位

在整个的考试系统中，所有的答案都是使用者自己输入的。在本环节考试结束之前，使用者无法知道自己的答案是否正确。但是有几个地方的系统有些问题，就是在使用者录入结束后，系统自动作出判定，给使用者造成错觉，误以为自己的输入是正确的。这是系统给使用者带来的困扰，我认为应给予纠正。其次，系统出现的较为严重的错误，是系统答案出现错位。我认为在以后的系统改进过程中，编者应进一步的进行认真校对，避免此类错误的出现，给使用者带来困扰。第三，在选词填空的部分，因为单词较长，无法正常显示所有的单词，给使用者造成拼写困扰。

现将发现的错误列表如下：

Unit1	Part4	Activity1	19	at birth 一词输入完成后无论答案正确与否输入的该词后面都有"√"
Unit2	Part4	Activity1	19	in the back of 一词输入完成后无论答案正确与否输入的该词后面都有"√"
Unit3	Part2	Activity1	8	系统屏幕已显示有 $，答案输入时还须有 $
		Activity3	7	系统屏幕三个答案显示不全
Unit5	Part4	Activity1	19	come to the conclusion 一词输入完成后无论答案正确与否输入的该词后面都有"√"
Unit6	Part2	Activity3	4	系统屏幕三个答案显示不全

（续表）

Unit7	Part1	Activity1		have一词当鼠标指向它时鼠标指针无法变成小手进行录入
	Part2	Activity3	7,10	系统屏幕三个答案显示不全
Unit8	Part1	Activity1	Group1	must一词当鼠标指向它时鼠标指针无法变成小手进行录入
Unit9	Part2	Activity3	4,5,9	系统屏幕三个答案显示不全
Unit10	Part2	Activity3	7,8,9	系统屏幕三个答案显示不全
	Part4	Activity2	11—20	系统答案默认为第九单元的答案

附:英语速记——输入参考

所在位置				原文	输入
Unit1	Part1	Activity1	Group2	a tube of tooth-paste	“-”视为一个字母
	Part4	Activity1	16	at the turn of the century / decade	替换部分输入时为:单词,空格,斜线,空格,单词
			18	at the first(second) half of the century	替换部分输入时为:单词,空格,括号,单词,括号,空格
		Activity2	4句	见书	替换部分输入时为:单词,斜线,空单词
			7句	见书	有标点“,”时,输入为:单词,“,”空格,单词

（续表）

所在位置				原文	输入
Unit3	Part1	Activity1	Group1	685A. D.	685 空 A. D.
				May1th	May 空 1th
			Group2	10:21pm	10:21pm
				02:30am	02:30 空 am
			Group3	8876094ex. 423	8876094 空 ex. 423
			Group4	$0.97	0.97 空 Dollar
				£12.90	12.90Pounds
				¥4.08	RMB4.09
				*123.45	Euro. 123.45
				AUS$1,008.09	1,008.09AUS Dollars
				89.76million	89.76 空 million
				PO. BOX100102	PO. BOX100102
	Part2	Activity1	2	3to3	3 空 to 空 3
			3.4.6	见书	每三位数字要有“,”
			9	见书	两个空格答案之间要有“,”
		Activity 2—1	最后一个空	见书	3,772,空 33.5%
	Part5	Activity1		8thOct. 1963	8th 空 Oct. 1963
				5:25p. m.	5:空 25p. m.
		Activity2		$8.99	$空 8.99
Unit5	Part4	Activity2	2	文中用“or”一词的部分	单词,空格,/,空格,单词
Unit7	Part1	Activity2		is / are done	is / are done 没有空

2006 级旅游英语专业，庞红满

五、在毕业设计中体会人生道理

随着毕业日子的到来，毕业设计的准备也接近尾声。经过几个月的奋战，我的毕业设计终于完成了。在没有做毕业设计以前，我总觉得毕业设计只是对这几年来所学知识的单纯总结。但是，通过这次做毕业设计，我发现自己的看法有点太片面。毕业设计不仅是对前面所学知识的一种检验，而且也是对自己能力的一种提高。而且，这次毕业设计让我明白了很多道理。

成功永远属于已经准备好的人！由于自己起初没有非常重视毕业设计，没有做好充分的准备，在最后几周内总感觉不知所措。写了这点忘记了那点，疑惑也伴随而来，因为很多时候我需要搜集的资料总是找不到。

知道了不去做等于不知道！本以为自己知道了怎么去完成毕业设计，可自己总是不去花时间认真做。可是，在做的过程中，我才发现自己的知识还比较欠缺，自己要学习的东西还太多。以前老是觉得自己什么东西都会，什么东西都懂，有点眼高手低。通过这次毕业设计，我才明白学习是一个长期积累的过程，在以后的工作、生活中都应该不断地学习，努力提高自己的知识和综合素质。而且，知识必须通过应用才能实现其价值！有些东西以为学会了，但真正到用的时候才发现是两回事，所以我认为只有真正会应用，真正去做出结果的时候才是真的学会了。

细节决定成败！很多时候我总是不重视细节问题。比如在打一些半角全角的标点符号上，在遇到大写，用键盘上的 shift 切换不行，必须要用软件上的小键盘才能够切换的时候，我为了快速完成任务，总是认为这些都不是大问题，可结果是必须重新打字，浪费了更多的时间。在查一些商务单词的中文意思时，我没有认真分析相似单词之间的区别，导致翻译的意思错误或是意思正好相反。

真正的成功是个人的事业，团队的行为！这次毕业设计使我懂得了要好好经营与别人的感情。同学关系更进一步了，同学之间互相帮助，有什么不懂的大家在一起商量，听听不同的看法对我都有很大的帮助。所以在这里非常感谢帮助我的同学程晓芳，感谢庞红满及时通知我重要的消息，感谢尤风玲对我的稿件的整理。

最重要的是要感谢我的指导教师对我们的悉心指导，感谢教师给我的帮助。在设计过程中，我通过查阅大量相关资料，与同学交流经验和自学，自己掌握了不少知识，也经历了不少艰辛，但收获同样巨大。同时，设计的过程让我懂得了许多东西，也培养了我独立工作的能力，相信会对今后的学习工作生活有非常重要的影响。而且大大提高了我的动手能力，使我充分体会到了在创造过程中探索的艰难和成功的喜悦。虽然这个设计做的不是太好，但是在设计的过程中，我学到的东西是我最大的收获和财富，我将终身受益。

其实在自己刚上大学的时候，就知道了“毕业设计”这个名词了。也听说只有通过毕业设计答辩，才能真正地毕业。在我即将步入大学的那个暑假，我到了一个刚大学毕业的姐姐家。在她床边的书架上，我第一次看到了一本厚厚的“毕业设计”。她珍藏得非常好，因为她认为那是她在大学四年努力的见证，每一个单词或文字都是她思考出来的。整个设计美观而且整洁，而内容也非常丰富，中英文字体的对照非常清晰。英文翻译中基本上没有什么错误，表达也非常准确到位。而且，她是学医学专业的，虽然医学专业英文术语大部分都很长，但是她都能熟记在心。我在羡慕的同时也深深懂得:任何一个人成功的背后都需要付出艰辛的努力,就如冰心说过的"成功的花,人们只羡慕它现实的娇艳,然而当初她的芽儿却浸透了奋斗的泪泉,洒满了牺牲的血雨"。

毕业并不意味着学习的结束,而是意味着终身学习的新开始。"学校是个简单的社会,社会是个复杂的学校",只有不停地学习,成长,改变,成熟之后,才能获得人生的成功。

"英语速记"软件(练习系统)设计与使用情况分析报告

一、分析报告

1. 软件的优点与特色

从"听"到"录入"的能力培养;从"手写英语"到"机打英语"的特殊训练,把对英语听写和计算机能力的要求融合在了一起,可谓独树一帜!

从整体上来看,十个单元的听力速记训练是以语法为主线的,即以语法知识要点为主题,从词法向句法过渡。每个单元的 PART FOUR 的内容都是以四六级的写作(句子结构)为主线的。

从各单元的五个模块来看,PART ONE 中 Activity 1—3 是以单词的分类别听写为主,如 第 3 单元将数字听写分为:年份,数字,日期,分数,小数,电话号码等。PART TWO 中 Activity 1—3将单元重点单词的听写带入到句子和小短文中。PART THREE 主要听写小故事。PART FOUR 中 Activity 1—2 主要以听写句子结构中的重点词组为主,然后听写整句话。PART FIVE 是听→录入→应用的结合,形成了层层递进的格局。

实训软件编选了北京人民广播电台外语(Radio 774)"学英语,话文明"节目中的部分内容,融入了比较浅显的跨文化知识。

体验软件的设计,我了解到软件对训练者的要求主要体现在：

(1)要求耳、手、脑、眼并用，重点解决听懂了，记不下来，手跟不上耳朵的问题；听懂了，不知道该记下什么的问题；知道单词是什么，却不能很快地输出出来的问题。

(2)在熟练打出英文的细节问题上，尤其是精确度上要求非常高，如大小写的切换、标点符号的全角及半角的切换，标点符号之后的空格等。

2. 软件应用中存在的问题和解决的对策

在实训中我们发现，当打错某一个单词时，软件中没有相应的光标来提醒我们及时地找到相应之处进行修改。即没有详细的显示错在哪里(尤其是句子训练部分没有给出正确的答案)。所以建议编者能在软件的设计上考虑到这一点，从而提高实训实效性。

在机打一些半角全角及标点符号时，我们认为训练者输入的应该是正确的，可软件判断是错误的，如“—”“/”“……”等。这些符号在软件中没有统一的输入法提示，让训练者找不到错误的原因。所以建议编者能系统地检查这方面存在的问题，规范统一，最好能在软件或《教程》指南中给予说明(特殊符号应采用什么输入法)，避免因为输入法和全角半角的问题造成整体录入内容的不识别。

在软件知识内容中有一些生词和难句，查阅起来很是麻烦，希望编者能给予相应的中文或英文解释，从而帮助实训者更好的理解和速记相关内容。

遇到大写，用实际键盘上的 shift 切换不行，训练者必须用软件上的模拟小键盘才能切换，否则单词打不出来；另外，有些单词拼写是正确，可软件默认的首字母是大写形式，最终还是判为错误。诸如此类的问题无形中给训练者设置了障碍，所以建议编者能解决此类问题，避免因小问题浪费时间，引发烦躁情绪。

在 Word Dictation 练习中，有些题目没有显示题号，而语速太快，一旦记不下来，恐过去了就很难再找到该做哪道题了。所以建议编者给每道题加上题号，并适当减慢语速，给训练者留出检查拼写的时间。

统一的语速不能很好的适应训练者不同的英语听力水平，所以建议编者在练习系统中加入语速的选择，这样训练者就可根据自己的水平来选择速度，循序渐进，逐步提高听力和速记水平。

在听写内容上，软件应设计一些有趣的视频，如电影片断，新闻，歌曲，演讲等，这样更具有吸引力，使得软件内容更丰富。

速记软件并不是在所有的电脑中都能读取，学校的机房有限，有时训练者在使用软件的过程遇到卡机或死机，不得不重装，这样不仅容易损坏电脑光驱，还浪费时间。此外，如果稍有不慎点错了键，就必须全部退出重来，之前的全部成果变成泡影，所以建议编者逐步改进系统，变繁琐为简便，增强实用效果。

二、软件练习系统分单元问题

单元序号	问 题
2	Part 4 Activity 2 中的第七个句子无论怎样打都是错误的 Part 4 Activity 2 第一句没有声音
3	Part 1 Activity 1 软件中朗读的顺序与书中每一格给出的单词和答案的顺序不一致
4	Part 4 Activity 2 中的第一句中 else's，其中 ' 总是打不出正确格式；句子的练习中，凡是，后都必须加一个空格；/前后都要加空格
5	Part 2 Activity 2 speaker1 输入最后一个词 and 时，其后要加一个空格
6	Part 1 Activity 2 group3 怎样都打不出正确的，因为…找不到合适的输入格式
7	Part 4 Activity 2 句子中的'符号系统不识别，总也打不正确

(续表)

单元序号	问　题
9	Part 2 Activity 3 中第九个句子的答案是“recommended”，但光盘中播放的是“recommend”。 Part 2 Activity 1 中第二个句子有两个空，但光盘中只有前句的答案，后半句没有给出答案。 Part 4 Activity 2 第二个句子中“it”与“good”间应该有“is”。 Part 3 Story 1 最后一空的答案应改成“put”。 Part 3 Story 2 第一空与最后一空的答案与软件中材料的答案不一致。
10	Part 2 Activity 3 中第一个句子有横线，但书上没有给出答案。
Vocabulary Practice	Vocabulary Practices One Ⅳ8 书上的答案是“at”，而软件中是“with”。

2006 级旅游英语专业，章耀文

六、英语速记课程学生体验报告汇编

现在学英语的人们已经很习惯将“听与说”结合起来，但对于“听与记、听与写”的结合训练还不够或者不成系统。“英语速记”帮助我们解决此类问题，以适应当前社会需要，推动综合性的英语训练。

在完成“英语速记”课程训练的基础上，我们汇编了《“英语速记”课程学生体验报告》。

《“英语速记”课程学生体验报告》主要包括四个部分：(1)北京青年政治学院 2007 级英语系学生的“英语速记”课程体验报告；(2)“英语速记”课程学生网络论坛上所发帖子的示范列举；(3)“英语速记”软件应用的审读报告；(4)“英语速记”课程教师

的教研论文、寄语及部分运行资料(如实训实效性问卷调查)等。《"英语速记"课程学生体验报告》还附了由学生自拍的课程汇报录像和实训教学场景录像的光盘。《"英语速记"课程学生体验报告》的特点如下:

第一:写实性强。每篇体验报告,都源于学生的亲身经历,在这里他们对课程的主要内容作了总结,对课内外实训方法进行了有序归纳,反思了自己的收获。每位学生的体验报告,都真实地体现了训练过程中的实际情况。

第二:实用性强。"英语速记"的内容涉及专业面广泛,专业词汇多,因此,每位训练者在训练过程中难免会遇到问题。而《"英语速记"课程学生体验报告》汇编了许多相关内容,广泛交流解决问题的有效途径。

第三:趣味性强。为了增添课程的趣味性,英语速记有学生自己的论坛,学生可以在论坛里发表帖子畅所欲言。但所发的帖子必须是中英双语的。因此,在娱乐的同时,又可以训练我们的英语速记能力,这在《"英语速记"课程学生体验报告》中有所展示。

此外,在完成对课程软件应用情况、音频及文本的审读与测试的基础上,我们列出修改建议和意见,较详细地指出了训练过程中软件所存在的问题,以及我们认为有效的弥补措施。

《"英语速记"课程学生体验报告》在老青教师、刘静教师、王晓明教师(校外实训基地教师)、郦莉教师(校外实训基地教师)的指导下,我们学生从封面设计到整册的汇编,包括前言撰写於翻译、课程调查问卷的编制与翻译、体验报告的编辑与校对、视频拍摄与制作等都亲自体验,真正锻炼了我们的团队合作能力。

由于我们学生编者水平有限,本册《"英语速记"课程学生体验报告》难免有疏漏之处,敬请专家、教师批评指正。

2007级旅游英语专业,郑贵菊

Nowadays, those who are learning English have been accustomed to listening-speaking. However, comprehensive trainings focused on listening-Note-taking or listening-writing are seldom. Note-taking Training Course aims to meet the requirement in today's society and to improve comprehensive practice in learning English.

Based on Note-taking Training Course, we students compiled our reports into a book. This book is composed of four parts: (1) students' reports on Note-taking written by sophomores in English Department of Beijing Youth Politics College; (2) a collection of posts in Note-taking BBS; (3) Note-taking CD-ROM checking corrigendum; (4) some teaching essays of our teacher and course management materials. Attached to the paper book, we have video clips.

The followings are characteristics of this book:

First, authentic. Each report comes from students' true feelings. They summarized the main contents of this course and demonstrate some methods or achievements about drills in and after class.

Second, practical. Note-taking training involves so many professions and terms that we have to face some problems in the course of drills. This book offers plentiful tips to help solve problems.

Third, interesting. To make the course more interesting, we express our feelings in both English and Chinese at the Note-taking BBS. In this way, we practice our English Note-taking while enjoy the happiness. So in this book, we choose some good examples to show.

Besides, it is enclosed Note-taking CD-ROM checking corrigendum and video CD-ROM. The corrigendum points out some shortcomings in CD-ROM system and our revise — suggestions. The video CD-ROM also includes reports and parts of live classes.

Under the instruction of Ms. Lao Qing, LiuJing, Wang Xiaoming and Li Li, we have experienced a lot in editing this book, from preface writing (English and Chinese versions), questionnaires composing (English and Chinese versions), to video-recording, etc. all of which enhances our cooperation among groups.

There may be some mistakes in this book. So, please don't hesitate to criticize and correct it.

09 Grade, Sun Yang

七、英语实训项目"新坐标":"英语速记"课外实训项目的几点思考[①]

作为一名旅游英语专业的学生,不止要学习书本的专业知识,更要与课外实训内容相结合,这样才能将书本知识正确的运用到实际工作中。

"英语速记"课程是一门以"速记"为核心的全方位打造学生听说读写译五大技能的精品课程,它不局限在课堂内锻炼学生的基本速记能力,更重要的是在课外开展了"工学结合"的一套

① 原文发表于《英语沙龙(实战版)》2010 年第 6 期。

系统实训项目。

"英语速记"课外实训包括个人项目和团体项目。个人项目又分为如下几个任务模块:1.英语视频语料的文字"听写",完成原始性识记录,打印出语料文稿。2.英语视频语料文稿的"听记"、"听释",完成文稿笔记整理,打印出语料笔记。3.英语视频语料的文稿"听译",完成文稿译文,打印出语料译文。4.英语视频语料的译文编辑,完成语料译文的中文摘要(含关键词)撰写。5.英语视频语料的同声"听读"、"听打",完成音视频语料英文字幕及跟读音频的制作。6.英语视频语料的同期"口译",完成音视频语料中文摘要字幕及汉语翻译朗读音频的制作。7."英语速记"软件的应用与审读,完成审读报告。8."英语速记"课程语料及项目答辩的PPT演示制作。这八项线性模块任务充分调动了在学习英语中应具备的五大技能,即"听说读写译"。团队模块包括:1.英语实训总结演示汇报及体验报告撰写。2."英语速记"实训项目成果汇编。

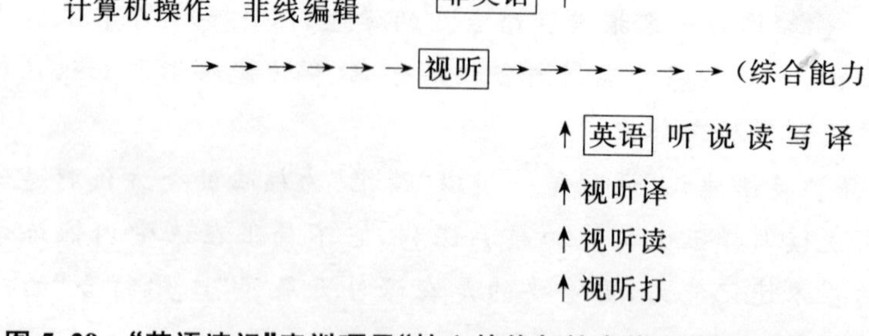

图5.29 "英语速记"实训项目"核心技能与综合能力结构"坐标(视听为主线模块)

每个实训项目是由一个五人小组来完成的,每个人都有自己负责的部分,这就需要我们们团队具有独立完成工作的能力。在完成项目的线性工作任务的过程中,需要我们们积极合作,因为前一个环节直接影响后一个环节的进度和最终项目成品的优劣,组员分工协调及工作态度容不得半点马虎。小到一个标点,一个单词,大到一个句子,一个段落都要做到无差错。一篇语料文稿的成型要经过四到五遍的反复校对。人员特长的发挥至关重要。项目中最关键的部分是音视频语料英文字幕同步切入及跟读音频朗读的制作。制作英文字幕需要借助一些专业软件,虽然我们们是英语专业的学生,但是专业之外的软件知识和技能不得不有所涉猎的。字幕的出现要时刻配合我们们自己朗读者的口型,不能快一秒也不能慢一秒,跟读音频的制作则需要学生有较好的英语口语能力,每一句英语的抑扬顿挫,意群的处理,都要严格把关。此外"英语速记"软件的应用与审读需要学生完整地将软件测试性应用一遍,对其语言文稿和软件实用功能进行评判。该部分实训成品包括:1.英语实训总结演示汇报及体验报告撰写。2."英语速记"实训项目成果汇编。项目组成员完成了各自所承担的任务,就需要将其他成员的成果统一整编了,这个过程更能体现团队协调合作的重要性,在统一的时间内,对分散的模块成品进行讨论,磨合。在小组讨论中,虽然每个人任务不同但是最终目标是一致的,一定要有大局意识。如在制作PPT动画的版块里,每个人都要想几个点子,互相之间交流心得,共同关注制作的进展,在整个项目中,既发挥了了个人的主观能动性,又体现了团队精神的重要性。

这种实训让我们清楚地认识到:光有自己本专业的知识是不够的,还有具备辅助性、拓展性技能,光有理论是根本不行的,要有动手和实际操作能力,真正做到"软件"与"硬件"的相结合,心智与知识的融合。

在实施项目的过程中我们还看到了自己的不足和组员的优势，这对我们们相互学习起着很重要的作用。比如在做“听译”时，我们就能清楚的感觉自己的听力水平还有很大的学习发展空间。另外，通过此类实训，让我们对所学的专业“旅游英语”有了更深一步的了解，我们们不能简单地把“旅游”和“英语”看成互不相交的两条平行线，“英语速记”课程恰恰为我们们搭建了这样一个“交融”立交的平台，为提高我们们在旅游领域中的英语听说读写译能力提供了一套系统的学习和工作方法，也成为我们们自主发展和创新实践的舞台。

总之，“英语速记”实训的感受为“不是一着寒彻骨，哪得梅花扑鼻香”，“不经历风雨，怎能见彩虹！”

2007 级旅游英语专业，彭麒麟、刘宏宇

八、英语实训项目体验报告

度过了一个有意义的、写着“我与祖国共奋进”的暑假，我们再次迎来了新学期，迎来了依旧具有挑战性的英语实训课，迎来了我们十一月份的第一个实训项目——英语音频语料的全文记录笔记、英文提纲(关键词)和中文摘要编译及中英文的讲解录制。接到任务之后，我便满心欢喜地开始了我的计划及工作，因为我的终极目标是 perfect!

第一步，我把全英文的音频语料拷到了我的电脑和 MP3 上，以便自己随时能尽量多听、多记、多录入。我认为，这样反复地实训可以提高我录入英文的正确性，达到训练听力的目的，也能增强我对这篇英文导游词的理解。

第二步：就我抽选的这篇导游词景点主题(洞庭湖)，借助网

络这样一个方便快捷的工具，搜集了解到有关洞庭湖背景、文化等方面的知识，我认为，这不仅对我后续撰写中英文摘要和讲解导游词有很大帮助，更是辅助我做好听力实训的关键。

接下来就是对英语音频语料的提纲的制作了。从英文写作的角度上讲，提纲应在文章之前进行，但这次笔记不同于写作，它建立在英语听力的基础上，要求我们必须在理解全文后来进行归纳总结。我想，这是从里另一个角度考查和锻炼了我们的英语的理解和概括能力。

第三步：我将整理出来的听力英文导游词文本，结合提纲编译成中文。首先，我先做英语音频语料的初步翻译；其次，结合在网络中查到知识，对上一步的翻译进行准确地美化加工；最后，结合导游词的特点，对个别语句由于连贯性的需要进行了调整，力争更完美。这样，我的中文编译就完成了。这是我进入下一个环节进行中英文讲解录制的基础。

第四步，在中文关键词和摘要方面。我主要采取的方法还是根据翻译后的音频语料进行详写的。可以说，前面翻译这一基础性工程完成的是否出色决定了这一环节所完成的质量。

第五步，待上述任务完成之后，我也便进入了最后一个环节——对该英语音频语料内容进行中英文讲解录制。为了打破常规，我为这段音频配上了轻松的音乐，不显喧闹、不显张杨，只给人一种新鲜的美感。

最后一步，就是一些后期的整理工作了，在我看来，这体现的是一种细心、一种耐心和一份责任以及一种愉悦。

体会：

这次实训任务对我而言，最大的困难就是对英语音频语料的笔记（英文）记录了，所以暴露出的问题就是我听力方面有所欠缺了。同时还伴有常用词汇的拼写问题，有点提笔忘字的感觉。因此，在这两方面我需日后加强。

虽说这次实训任务就这样完成了，我们可以暂时的松一口气了，但是今后这样的实训我们必须一步一个脚印地牢牢坚持下去，因为越想要拥有一条属于自己的平坦大道，就必须要自己去走，这样，我们才知道哪里有石头，哪里是荆棘，哪里需要你弯下腰，哪里需要你低下头，也只有经历了这些，我们的道路才是平坦的，也才真正拥有自己的星光大道。

作品素材来源：朱华，《英语导游听所教程》，北京大学出版社，2009 年，第 8 单元。

Dongting Lake

Ⅰ

Dongting Lake: China's second largest fresh water lake

Ⅱ

The appearance of Dongting Lake

a. changed in different reasons

b. sometimes even changed during the same day

Ⅲ

Dongting Lake is divided into the 5 parts

a. East Dongting Lake(It is the biggest part of Dongting Lake)

b. South Dongting Lake

c. West Dongting Lake

d. North Dongting Lake

Ⅳ

A banded animals and plants

a. plants: 1086 kinds

b. fresh water fish: 140 kinds

c. Birds: 207 kinds

Ⅴ

Junshan

A. background

a. it is not a mountain

b. Two Concubine's Tomb

c. The bamboo

B. travel

a. watched the dragon boats race

b. the history about Quyuan

Ⅵ

Epilogue

关键词：

洞庭湖、君山、屈原、粽子、赛龙舟

中文摘要：

本文主要介绍了洞庭湖是中国五大淡水湖之一，是长江中游的重要吞吐湖泊，也是中国的第二大淡水湖这一性质。其次是在这一地区气候性特点及洞庭湖的组成部分，以及生态特征和有关于洞庭湖的原名“君山”的相关背景知识，最后讲用赛龙舟这样传统的活动来纪念屈原。

2008级旅游英语专业，奚宝俊

九、英语实训项目体验报告

每一次的实训项目都是不同的，每一次我们面临的挑战也都是崭新的。而对于我个人来说，每一次也都是帮助我突破的。但在这些项目中仍然有规矩可循。

第三次做这样的项目，这次的重点是在听英语的基础上编排整理文件并进行讲解。乍一眼,实训整个过程是非常繁琐的,从听力录音原稿的录入,到笔记的整理,再到中文翻译的摘要,还有中英文讲解词的录制。这其中的每项任务都非常有挑战性,而因为要做好它,我们一定得付出。

第一部分是英语听力录音原稿的录入。这在项目中是起主导作用的,我们接下来的工作都是围绕着它进行的。以前没有感觉听懂一段对话有多困难,对于别人能快速记录下来主要内容也从不以为然,但真的当我自己做了这件事后,我明白了这其中的辛苦和付出后所回报的快乐。听懂大致内容并不困难,但是记录下来大致内容就比较困难;听懂个别单词不困难,困难的是把每个句子甚至篇章都听懂。这次的实训让我深刻的体验到,自己发音的情况会对英语听力有多大的影响。如果平时没有注意到,就是听不出说话人里涉及的词汇。另外一个问题就是词语的拼写和积累。这似乎成为我完成所有英语实训所要面对的首要问题。单词会读会说就是不会写,否则就是应该掌握的词汇根本就不会。这真是很大的不得不克服的一个问题。

第二部分是英文笔记的整理。这部分的训练对于我们来说并不陌生,因为平时我们参加过此类实训,对于笔记思路的整理和有效方法,我们都是比较熟悉的,所以做起来并不是太困难。主要就是抓住文章段落的核心内容和逻辑关系,然后逐级推敲重点关键词汇和语句。

第三部分是中文关键词的挑选和中文翻译的摘要。这部分的工作,因为有了前两部分做铺垫,所以变得相对简单得多。在我的这项任务中,我挑选的是对我叙述文章有帮助的逻辑性的关键词,有了这些词语,对于我摘要的部分真是帮助不少。

最后一部分就是中英文文讲解词的录制。这可是我们第一次把自己想像成导游,然后说讲解词的。虽然只是录音,心里还是有些紧张。紧张自己文学功底不是很好,怕翻译出的摘要语言不够优美;紧张对于景点的介绍是否到位。虽然做的不是那么出色,但真是感觉到这次实训项目后,自己从思想上到能力上的些许进步。

多做一次实训项目,对我们来说就多了一次新的挑战。类似这样的挑战以后工作上一定会遇到很多,而我认为教师的安排非常好。这不光是对于我们能力的培养,更是教师帮助我们树立对自己有信心的一种方式。所以,不管下一项实训任务有多大挑战,我们只需记住一句话:Just do it!

作品素材来源:朱华,《英语导游听说教程》,北京大学出版社,2009 年,第 2 单元。

Tourism Commentary

—The Bund—

A

Introduction of the schedule to the Bund

B

Explanation of the scenery and the use of the buildings on both hand sides

a. on the left hand: The East Zhongshan road-mark list building

① Watch the world architect show

b. on the right hand:

① Huangpu River,

② LuJiazui Financial Trade Area

1) The Oriental Pearl TV Tower

C

The majestic building—Dong Feng Hotel

a. The sampling building of the classical British style in the past

b. The sixth story building:

① The shape

② Interior of the building

1) Used to be: the longest bar

2) now: KFC

D

The sister buildings in Shanghai

a. The former Shanghai in Hong Kong building — with the circler group in great style

① The year of the building was built: 1923

② Reception rooms of many different countries

③ The use in the past: Shanghai units' polity.

b. Shanghai customs building

① On the top-clock:

1) how to work

2) time standard of Beijing

E

The Oriental Pearl TV Tower

a. will have dinner in the revolving restaurant of the tower

b. have a bard at the night of Shanghai on the sightseeing floor

关键词:

日程计划　概括　分析讲解

中文摘要:

欢迎游客们来到外滩,来到上海。外滩位于黄浦江畔,沿着江走,我们可以领略两岸的雄壮风景和了解建筑的各个用途。

首先是左手边的建筑:是具有标志性的建筑群,位于中山东一路。在这里,可以看到世界级的艺术展示;在右手边的是闪耀着光芒的黄浦江以及浦东地区陆家嘴贸易中心。另外,新上海的标志性建筑东方明珠广播电视塔也在这里。

2008级旅游英语专业,安然

十、英语实训项目体验报告

我要介绍的是这学期的英语实训项目，它包括很多内容。比如完成英语音频语料笔记，我听的是中国黄山的简介，它是一篇导游词。要求把听的内容听写下来。还有写提纲，中文摘要和关键词、中英文讲解等。

这些内容对我来说确实是个不小的挑战。尽管我的听力水平不是很好，况且还有好多的专业性很强的词汇。刚开始，我整体地听了一遍，把握了整体意思后，才开始听写。听的过程中，词汇是最大障碍，我反复地听也不知道是什么意思。于是，我利用网络查了关于黄山的简介。英文的文章很少，我就把中文文章中的关键词翻译成了英文。最后，在我的努力下，我的文章听写完成了。在这个环节中，我有三个收获：景点了解，词汇学习和发音纠正。

根据文章写英文二级以上提纲，这是需要对文章整体的把握。文章的意思明白，逻辑结构都分出层次，这一部分也就很容易了。不过，写英文二级以上提纲，也有一定难度。它需要对文章主旨和细节的区分与梳理。例如，文章的第一段介绍的是黄山的概况。它从游客到黄山开始，介绍了它的景观以及旅游景点。每一步都要写得很清楚，有层次感。中文关键词的选择是最容易的一项内容了。根据文章英文提纲，关键词的选择很容易地就挑选出来了。

我在完成最后的一项内容即中英文讲解录制时动了点脑筋，我把英语音频语料内容与外教会话结合一起录制。这学期，我选修了高级口语课，教师是个外国人。所以与其同学不同，我找外教 Steven 一起录音。我是操作的，我先让 Steven 把文章听一遍,他有了个大概了解之后。我就将提前准备好的几个问题向他提问。我们一共录了 5 个问题的对话,虽没有很深层次的,都是些基本的问题,对我来说很给力。在此,我要谢谢我们的外教 Steven 对我们实训的帮助!

总之,对我个人来说,这次的实训项目是一个挑战,但是收获是很大的。通过此次实训,我对旅游英语这个专业的学习热情有了很大的提高。不仅中文的导游词得会,而且英文的我也不能落下。我觉得多掌握与专业相关的词汇是很有必要的。平时还要多关注英文导游词的讲解,这会对我的英文水平是一个很大的提升!

作品素材来源:朱华,《英语导游听说教程》,北京大学出版社,2009 年,第 5 单元。

Mount Huangshan

Ⅰ

The introduction of Mount Huangshan

1. Beauty of Mount Huangshan: reach the peak
2. The scene: Xi Shan peak, the monkey gazing at the sea, the refreshing terrain and the flying stone and more.

Ⅱ

Roaring of the waterfalls

1. Compose an exciting and vigorous symphony
2. If you are really lucky today, you'll see a vivid rainbow.

Ⅲ

North Sea Scenic Area

1. Three wonders: strange pines, absurd stones and a sea of clouds.
2. The most important scenic area: The North Sea.

3. The first scenic spot we're going to visit today: Xi Shan Peak.

Ⅳ

Each of the four seasons on Mount Huangshan

1. Change from day to day.

2. Take pictures.

关键词:

黄山,四大奇观,瀑布,彩虹,顶峰。中文摘要:

黄山有三大奇观:奇松,怪石,云海。其中,云海是黄山最重要,最美丽的景观。黄山的怪石是奇形怪状的,你可以充分发挥想像力。你可以听到瀑布的轰鸣声,如果幸运的话,还可以看到彩虹。黄山的四季有不同的特点,因为它每天都在变化,形成黄山独特的风景之一。

2008级旅游英语专业,王晓童

十一、第一次走进英语录音录像的现场[①]

我的实训任务是完成外教英语录音录像,这是一份很难得而又很特殊的工作经历,我对之又好奇,有紧张。第一次走进录音录像棚,第一次与外教演员如此近距离的接触与交流,第一次离开学校教师的庇护,独自带领小组同学接受实践的挑战……,太多的第一次,真是让我太难忘了。第一次录音录像的心情就像一个小孩第一次迈进学校的校门一样,忐忑不安。

录音录像棚——记忆里的东西,电视里的东西,我从没想过

① 参见附录(光盘)"学生实践实训成果'走出去'实践实训项目成果'What Is Tourism'、'Sustainable Tourism'"。

会有机会亲自见识录音录像棚，更没想过，而我第一次进棚就是直接和外国人打交道。这次独立完成的录音录像工作，让我学会了很多，可谓受益匪浅。我明白了怎样与同学搭档进行交流、合作，学会了如何安排工作，协调人员，懂得了做任何事情都要有准备，都要细心……

关于录音录像，我真的确是个门外汉，什么也不懂。这次录音录像的主角是外教演员和录像师。我们虽然是配角，是录音录像的辅助人员，虽然做一些力所能及的小事情，但同样锻炼了自己，可以说，我就是自己的主角。

上午 10 点，外教演员陆续走进录音录像棚，我们把英文的脚本分发给每个外教。录音录像期间，我和从中国社会科学院英语培训中心派来的一名指导教师一起在录音录像棚内与外教演员交流，提醒外教演员录音录像时出现差错的地方，协调不懂英语摄影师和外教演员的工作。另一名校外指导教师在准备间里，与外教交流，回答外教演员各种相关问题。我的搭档们轮流负责对前来录音录像的外教演员进行登记、校对外教演员的音准、朗读内容的正确性、监控他们的朗读速度、为外教提供其他服务……这样的工作持续到当天下午 6 点，很忙碌也很具有挑战性。第二天、第三天依旧如此。

此次辅助外教演员录音录像实训任务，是北京青年政治学院给我们学生提供的一次宝贵的工作经历，在这次经历中，有很多值得我们同学们学习、借鉴的地方：严谨的做事态度，积极的服务理念，平和的工作心态……，虽然只工作了整整三天，但是我和同学表现出了良好的工作态度和工作水平：我们来到录音录像棚比外教演员早 3 个小时，也就意味着 5 点就要起床。到录音录像棚内，我们核对英文表格、英文脚本和一些必需的物品，一切准备工作就绪，然后静候外教演员的到来。虽然工作本身并没很大难度，但在工作中我们努力做到一丝不苟，兢兢业业，生怕有错误、有疏漏，我们始终认为学校交给的任务要在规定时间内高质量出色地去完成，不能给学校丢脸。怀着这样“一颗心”的工作态度，我们有条不紊的进行着。我们很努力，录音录像比预期提前完成了，而且返工率没有超过项目限定的2%。

第一次感觉工作的忙碌和疲惫，走在回家的路上真的不想动。工作时一点都不觉得累，特别有冲劲，可能是任务完成了，心里的包袱就轻了吧，感觉有点累，但心里是甜的。

外教演员都很好，很幽默，也很配合我们的工作，总之，很感谢他们辛苦的录音录像，因为一遍不成要反复NG，直到我们的“导演”认为合格为止。

实训基地音像公司的摄影师们也很和蔼，我们NG了数不清多少次，他依旧耐心的为大家服务，后来我们都不好意思了，他依旧微笑的面对我们。

我们的校外指导教师也很友善，如果我们有做的不好的地方他们也会很婉转地告诉我们，我们有不理解的时候，他们耐心讲解，很负责。午饭时间，指导教师自己盯场，让我们先去吃饭，我们很不忍心。教师真的都很照顾我们、帮助我们、鼓励我们。

短短的三天让我们的凝聚力到达颠峰，我们顺利地完成了任务。真的很有成就感。因为我们知道，在八月份，我们的工作就真正体现在《实用英语速记基础教程》里了，并运用到英语课程的实训教学之中。

这次的工作的锻炼改变了我们胆小、怯弱的状态，让我们更自信。原来我们也可以很优秀。希望大家一起加油、努力，一份耕耘，一份收获，我们一起用汗水和泪水耕耘，到秋天收获属于我们那份沉甸甸的“果实”。

2007级旅游英语专业，苏静

十二、“走出去”暑期英语实践项目总结

实践项目名称

景点天安门讲解展示、与外国友人交流展示

实践项目时间

2010 年 7 月 15—20 日

自拟实践目的

1. 加强与外国友人的交流，使其更多的了解中国的文化
2. 加强我们的心理素质，让我们在众人面前敢说，敢交流
3. 提前体验当导游的感觉，从现在开始培养这方面的能力

实践项目内容

1. 站在实地景点前完成英文讲解，并将实况录制下来
2. 实地景点附近与外国友人就讲解内容进行交流，并将实况录制下来

实践项目过程

活动前：

1. 了解一些关于外国人的礼仪习惯，避免冒犯一些文化交流中的禁忌
2. 搜集整理景点天安门的讲解材料
3. 了解并记忆一些景点内容 如：历史，规模，附近的景点等等，以便能熟练的向外国人介绍
4. 准备好活动时所需设备，如：摄像机

活动中：

1. 在实地景点前自然地完成景点讲解
2. 寻求机会，大胆地与外国友人交流

活动后：

1. 对视频材料进行整理，完成实地录像内容文本的处理，按要求和技术参数完成添加字幕
2. 完成实践活动总结，分析优点与不足，进一步了解未来岗位

实践项目反思

上了大学以后，暑期实践不再像以前一样，只是局限于写点什么东西。大学注重培养的是我们的实践能力，所以我们开始走出校门，在培养我们实践能力的同时，也培养我们与人交往和随机应变的能力。教师让我们自己选择景点，然后与外国人就中国的文化进行交流，并全程录下音视频。在完成这项实践的过程中，困难和喜悦是随时相伴的。

在录景点介绍的时候，因为天安门是北京的一个重要景点，所以来来往往的人很多，这就给录像造成一定的困扰。要想在熙熙攘攘的天安门广场前听到自己的声音，就需要用很大的声音说话。而大声讲解的直接结果就是从你身边走过的人，都会过来看看我究竟在做什么。对于初次在这种情况下讲解的我们，无疑是一个很大的挑战。不能紧张，因为紧张就会把准备好的解说词忘掉。面对这样的环境，我们的心理素质得到了有效的锻炼，我们在陌生人面前敢说英语，并逐渐地能自信的说英语。

记得，在完成与外国人交流这个实践环节时，我总共遇到六个外国人，最终有一对夫妇愿意跟我交流，使得我完成了这次实训。我想他们也许开始是把我当成推销员了。在与外国人交流的时候，由于本身英语水平的原因，导致我并不能完全听懂外国友人所说的话。我记得，我问这对夫妇，对天安门的感觉是什么，其中一个人说了很多，也说的很快，我只是大概听懂了她所

说话的大体意思是：天安门是中国的象征，但她这次来旅游，她并没有觉着天安门有什么特别。我一听就急了，但我却不能说出很多反驳的话。一方面是我心理素质的原因，另一方面也受到自己英文水平的限制啊。

完成这项实践活动的过程中我发现了自己很多不足之处：(1)不能做到在很多人面前自然，自信的进行英文讲解；(2)自己的英语水平有限，不能与外国友人畅快的交流，总不能很快的反应出下句该回答些什么；(3)对景点的了解准备的还不十分充足，给外国友人介绍的关于景点的内容，显得比较干，缺乏灵活性。

不过，这次实践活动，我也学到很多东西，提高了认识：(1)现在的英语学习是我学习任务中的一项重中之重。不管是英文词汇上，英文语法上，还是英语口语上必须加强。当今的社会是一个经济全球化的社会，英语是一种非常重要的交流语言，也是以后进入大企业必须要掌握的一门外语。当今的社会也是一个竞争激烈的社会，我们的学历是高职高专，而现在满北京的大街都是本科生，硕士生，博士生甚至是海归。我们要想在如此激烈竞争的环境下谋求一席之地，就要有过人的本领，一技在手，一生无忧，就要比别人掌握的技能多。(2)小学，初中，高中的时候我们要学习的仅仅是书本上的知识，考验学习成绩的好坏也只是最后凭借一张试卷分数的多少。而上了大学以后，更注重的是能力，仅仅学习好书本是不够的。大学毕业后我们要走向社会，面对更多的人，遇到更多意想不到的困难和挑战。我们需要的是良好的心理素质和专业的技能。所以，从现在起，我们就该多接触些陌生的事物，提高自己的心理素质和解决突发事件的能力。这次我为完成这项实践活动，遇到了很多困难，庆幸的是：我都一一解决了。就像在这次完成实践任务的过程中，我找到第六个外国人才愿意与我合作，能让我坚持做，最重要的，就是我坚信自己行的。

活动展示：

2009 级旅游英语专业，张鑫

十三、《ENGLISH EXAMS GUIDE——各类英语考试信息手册》[①]

根据各人才招聘部门的实际需求，结合高职高专英语

---

① 2011 级学生于 2012 年 1—2 月完成的“北京地区各类英语考试调查”寒假实践项目的成果。

教学实际，让广大在校学生更加全面地了解与自己息息相关的各项英语证书考试，更好地规划自己的大学生活，在未来激烈的社会竞争中更有优势，我们组织编写了《English Exams Guide——各类英语考试信息手册》一书，供高职高专各业学生参考使用。

《English Exams Guide——各类英语考试信息手册》收录了 BETS、PETS、CET、BFT、PET 与 FCE、NBECT、BEC、IELTS、TOEFL、TOEIC，十种与英语相关的考试。该书共包含十个部分，每部分涉及一种考试以及该考试的主要相关信息。内容包括：考试中英文全名、考试组织单位和发证机构全名、考试级别与分类、考试组成部分、各部分主要题型与答题时长、统一考试时间、考试费用、考试报名方式、考试合格标准、考试成绩报告方式等。

虽然编者们对本手册做了仔细的审核，但我们深知水平有限，仍存在诸多不足。因此，我们诚挚的希望能得到老师和同学的指导与建议。

编制人员：

信息筛选：田旭阳、盛晴　　文稿编辑：秦雅倩、高若男

文稿审校：秦雅倩、李丹　　封面设计：李　婉、赵思敏

前言撰写：张娜伟、孙蔷

2011 级旅游英语 1—2 班全体学生

指导教师：老 青

鸣谢：教育部考试中心、北京市教育考试院、国家外国专家局、牛津剑桥国际评估服务有限公司、深圳职业技术学院、新东方培训、英孚培训、戴尔培训等。

目　录

BETS 北京英语水平考试——pp. 6－16

PETS 全国英语等级考试——pp. 17－29

CET 大学英语等级考试——pp. 30－41

BFT 全国出国培训备选人员外语考试——pp. 42－51

PET&FCE 剑桥通用英语五级系列英语证书考试第 2—3 级——pp. 52－78

NBECT 全国国际商务英语考试——pp. 79－96

BEC 商务英语——pp. 96－119

IELTS 国际英语语言测试系统——pp. 119－133

TOEFL 检定非英语为母语者的英语能力考试——pp. 133－139

TOEIC—国际交流英语考试——pp. 140－154

"北京地区各类英语考试调查"寒假实践项目自评表

学生姓名 学号尾号	调查内容	评测项目							
		按时提交 20 分	材料完整 15 分	文件规范 15 分	内容完整 20 分	信息准确 15 分	格式美观 5 分	口头交流 10 分	总分
01	BETS								
02	PETS								
03	CET								
04	BFT								
05	PET & FCE								
06	NBECT								
07	BEC								
08	IELTS								
09	TOEFL								
10	TOEIC								

十四、北京双雄对外服务公司员工笔译培训实习班主任工作总结

(一)培训计划基本情况

培训时间:5月—10月(每周二、五下午15:00—17:00)

参训员工人数:10名;旁听员工:12名

培训教师:刘阳、刘晓晶;实习班主任:安然、郝萌(2008级旅游英语专业)

(二)培训执行具体情况

1.教材讲解(全国外语翻译证书考试指定教材——英语翻译四级笔译)

在为期五个多月的时间中,按培训计划完成十五板块针对性笔译实训,包括Culture & Education, Tourism & Catering, Entertainment & Sports, Golden China, Transportation & Logistics, Marketing& Branding, Negotiating Business Contracts, Transnational Management, Human Resources, Financial Services, Exhibition &Convention, Real Estate& Automobile, Scientific Innovation, Information Technology, Social Responsibility。

2.培训讲座

在学习教材的同时,按计划邀请了清华大学教授、中国社会科学院研究生院教授及校内专家讲座共四次,使学员们更好地学习和掌握翻译技巧以及翻译考试应试技巧。

3.考勤与成绩考核

依照计划考查学了员学习情况,分平时作业和考试两部分。

平时作业：每次上课在课上问答或课后安排作业上交(公共邮箱)，培训教师给予评定(2010年北京双雄对外服务公司英语笔译翻译培训人员考勤记录表)。

姓名 日期	XXX	XXX	XXX	XXX	XXX	XXX	XXX	XXX	XXX	XXX
2010.05.21	√	√	√	√	√	√	√	√	√	√
2010.05.25	√	√	√	√	√	√	√	√	√	√

(三)实习班主任工作中遇到的问题与处理

1. 受训学员联系方式的获取

在第二次培训前，当我想要通知班长上课所需要的器材时，我荒张的发现，我们没有任何学员的联系方式。我向教师求助了，因为在学校里，无论是学校或是生活方面，我们都有教师作为后盾。但当我询问时，教师语重心长的告诉我，这正是考验我们的时候，现在是工作，和学校生活学习完全不同，想要得到什么资源，解决什么事情，一定要靠自己的努力去协调和沟通。

为了保证培训顺利进行，第二次上课我提前了半小时到达培训基地，和公司IT部的工作人员说明教师上课所需要的器材，也因此，课程安排并无未受到任何影响。同时，在课间，在班长的协助下，我完善了参训人员以及旁听人员的所有联系方式，并做成表格，交给培训教师和搭档郝萌。有了这些联系方式，为我们日后的工作提供了很大的便利。

2. 学员因工作繁忙无暇顾及培训的现象

七八月份，正是学员们工作忙碌的高峰期(旅游旺季)。所以不同于学生，他们不得不专注于手中的工作，以致许多人不能来参训。这样一次两次还好，几次下来可能直接影响他们的培训效果。考虑到考勤情况，我和郝萌商量决定与公司领导反映一下这个问题，不是打报告，也不是怪罪学员，只是想让学员更好的学习。

教师建议我们先统计写份分析报告。按照教师的建议,我拟定了考勤情况的报告。这份报告立刻得到了回复,公司领导及时协调这一问题,我感到十分的高兴。他们这样不仅是对于我们工作的支持,更重要的是保证受训学员们不掉队。

3. 学员到场而教师未到的"教学事故"

坦白讲我认为这是比较严重的一件事。这是在与公司领导沟通考勤情况后发生的事情。记得是上课那天中午,我接到教师的通知说下午因故要暂停培训一次。因为学员们上班期间不能使用手机,导致我们未能及时的通知到他们。因为我们的疏忽,既耽误了学员们培训时间,也耽误了他们工作的时间。后来,我和郝萌都及时向学员们致以歉意,并保证以后工作到位。

(四)实训班主任工作体会与反思

兼任翻译培训班实习班主任这个工作为期五个多月,在这期间,我觉得学到的东西特别多。

首先是在与人交流沟通上。我们的工作就是做好和培训教师的沟通、和学员们的沟通、和公司领导以及学校教师的沟通。例如培训教师上课需要准备什么器材、怎样清晰及时地通知学员信息、领导询问培训状况时如何准确简明回答等等。

其次,作为实习班主任教师,我们应处理好与学员之间关系的拿捏上。我们的身份是班主任,但其实每个学员都是我们的哥哥姐姐。因此如何处理关系就变得很重要,有时要有教师的"威严",又要有近乎同龄人的亲和。这五个月下来,我觉得我们之间的关系更像是朋友,而关于这一点,我也非常高兴。

其三,我们锻炼如何兼顾工作和学习。我们是高职专科学生,以后工作后肯定还会需要提高进修。有了这段工作经历,我们会更有信心面对将来工作和学习兼顾的压力和挑战。我很高兴地是:(1)培训结束后,我成功地通过面试来到双雄公司完成毕业实习;(2)与参加培训的学员一样,我还成功地通过了翻译四级考试。

最后,我非常感谢北京青年政治学院教师们的良苦用心。这段经历对我的重要性,不仅体现在上述工作成效里,更是一种自信心提升,一种成就获取喜悦的过程。

活动展示:

2008级旅游英语专业,安然

附录(光盘)

英语实践实训活动项目音视频成果选录

一、北京青年政治学院英语教学成果缩影(2009)

二、“英语速记”说课(学生版,2010)

三、学生实践实训成果

1. 学生毕业设计成果

① Education Is Good Business (2009)

② English Children in City (2009)

③ Suggestions of Public Transportation in Wangjing Area (2008)

2. “走出去”实践实训项目成果

① What Is Tourism (2009)

② Sustainable Tourism (2009)

3. “请进来”实践实训项目成果

① International Departure from Terminal 3 (T3) at BCIA (2011)

② The Dragon Boat Festival (2010)

4. 英语赛训

① Manners & Amenity (2009)

② Practical English Speaking Contest (2012, Beijing)

5. 电子图书

① FAQ 导游实务问答 (2011)

② 望京地区乘车指南 (中英韩版,2012)

6. 相关说明

参考文献

北京市人民政府外事办公室、北京市民讲外语活动组委会办公室:《美食译苑》,世界知识出版社,2011年。

高林、鲍洁:《高等职业教育专业课程体系改革与创新》,人民邮电出版社,2009年。

胡壮麟:《大学英语教学的个性化、协作化、模块化和超文本化》,载《外语教学与研究》,2004年。

教育部高等学校高职高专英语类专业教学指导委员会:《高等职业教育术语》,大连理工大学出版社,2011年。

李雁冰:《课程评价论》,上海教育出版社,2002年。

刘黛琳:《高职高专外语教育发展报告》,上海外语教育出版社,2008年。

[美]罗纳德·J. 艾伯特(Ronald. J. Ebert),里基·W. 格里芬(Ricky W. Griffin):《商学精要》(英文版,第八版),中国人民大学出版社,2010年。

梅德明,《英语口译》精品课程,上海外国语大学(www. sisunet. net),2006年。

《美国备忘录》,上海外语音像出版社、上海外语电子出版社,2005年。

莫锦国:《外语 E-learning——理论与实践》,上海外语教育出版社,2011年。

王琳,《新编旅游英语》,南开大学出版社,2008年。

王铭玉:《新编外语教学论》,上海外语教育出版社,2008年。

王晓明、周之南:《汉英公共标示语翻译探究与示范》,世界知识出版社，2011 年。

吴疆：《现代教育技术教程（二级）》，人民邮电出版社，2011 年。

夏纪梅：《现代外语课程设计理论与实践》，上海外语教育出版社，2002 年。

徐存善：《谈经济全球化背景下跨文化交际能力的培养》，载《商业时代》，2009 年第 12 期。

赵志群：《职业教育工学结合一体化课程开发指南》，清华大学出版社，2009 年。

张晓华：《教学艺术研究文集》，北京理工大学出版社，2010 年。

中国就业培训技术指导中心：《职业概论》，中国劳动社会保障出版社，2009 年。

朱华：《英语导游听说教程》（修订版），北京大学出版社，2009 年。

[美]布鲁克斯·皮得森（Brooks Peterson）：《文化智商》，张小海、尹宁宁译，法律出版社，2008 年。

[英]贝拉·迪克斯（Bella Dicks）：《被展示的文化：当代"可参观性"的生产》，冯悦译，北京大学出版社，2012 年。

Judith Tanka，Lida R. Baker，《美语路路通（听说通）》，第 2 册、第 3 册、第 4 册，辽宁教育出版社，2004 年。

Mary Spratt，Alan Pulverness，Melanie Williams：*The TKT Teaching Knowledge Test Course*，清华大学出版社，2007.

Michael Rost：*Teaching and Researching Listening*（*second edition*），PEARSON，2011.

Stephen E. Lucas，《演讲的艺术》，外语教学与研究出版社，2010 年。

Susan Bloch，Philip Whiteley：*Complete Leadership*，PEARSON，2003.

后 记

动笔写书的前前后后，我得到了许许多多外语界前辈及同人的大力支持与帮助。在此，首先特别感谢原教育部高职高专英语类教学指导委员会主任刘黛琳教授、副主任安晓灿教授和贺雪娟教授，感谢北京市高教学会大学英语研究会高职高专分会的吴树敬教授以及所有同人，感谢中国社会科学院研究生院国际文化教育中心主任王晓明教授，感谢北京语言大学外国语学院院长宁一中教授，感谢北京人民广播电台外语广播节目主播周敏女士。他们是一批为英语教育事业乐于奉献的人。他们的每一次培训讲座、与他们的每一次互动交流，都给我很多收获，常常使我“浸泡”在“教中学、教中炼、教中思”的学教环境。他们为我的实训模式探究与实践设计创新、教学改革与经验总结，搭建了极为广泛的平台。所有这些，也是今天这份汇报的基础。

其次，感谢北京青年政治学院国际学院和英语系的全体师生。没有他们十几年来对职业英语教育教学领域的热心关注和鼎力支持、协调配合和积极参与，就不会有这本书的问世。

此外，感谢始终怀念的父亲老亮，一名普通的人民教师。父亲伏案备课的身影、和蔼可亲的笑容、孜孜不倦的教诲……永久地、深深地印记在我的脑海，并始终激励着我，伴我成长，把我引向做一名合格的人民教师之路。我始终把父亲当作“一盏永远不灭的灯”。这本书，权当以一种特殊的方式完成与父亲的心灵交流。

最后，感谢北京农影文化发展公司和世界知识音像出版社，他们协助完成了光盘制作，增强了本书的可视化效果。

老 青

2012 年 7 月 1 日

图书在版编目(CIP)数据

英语实践实训教学设计 /老青著. —北京:
世界知识出版社,2012.8
ISBN 978-7-5012-4321-1
Ⅰ.①英… Ⅱ.①老… Ⅲ.①英语—教学设计—高等职业教育
Ⅳ.①H319.3

中国版本图书馆 CIP 数据核字(2012)第 175383 号

书　　名	英语实践实训教学设计 Yingyu Shijian Shixun Jiaoxue Sheji
作　　者	老　青
责任编辑	柏　英
责任出版	刘　喆
出版发行	世界知识出版社
地址邮编	北京市东城区干面胡同 51 号(100010)
投稿信箱	guojiwenti@yahoo.com.cn
经　　销	新华书店
印　　刷	北京景山教育印刷厂
开本印张	880×1230 毫米　1/32　9 印张
字　　数	240 千
版次印次	2012 年 8 月第一版　2012 年 8 月第一次印刷
标准书号	ISBN 978-7-5012-4321-1
光 盘 号	ISBN 978-7-900159-63-2/G·34
定　　价	29.00 元